シリーズ「遺跡を学ぶ」171

魏志倭人伝の海上王都

原の辻遺跡

松見裕二

新泉社

魏志倭人伝の海上王都
―原の辻遺跡―

松見　裕二

【目次】

編集委員
勅使河原彰（代表）
小野　昭
小野　正敏
石川日出志
小澤　毅
佐々木憲一

装　幀　新谷雅宣
本文図版　松澤利絵

第1章 「魏志」倭人伝の島

1 海上の王都、原の辻

原《はる》の辻《つじ》遺跡がある壱岐島《いきしま》は、対馬島《つしまとう》とともに、九州本土と朝鮮半島のあいだの玄界灘に浮かぶ島で、古代より「東アジア諸国との国境の島」として重要な役割を担っている（図1）。

今から約二〇〇〇年前の弥生時代において、壱岐島および対馬島は、倭における外交の玄関口として多くの渡来人を迎え、渡来人とともに最先端の文物や珍しい交易品がもちこまれる場所であった。弥生時代において、海をわたる渡来人とそれを迎える倭人との対外交流の拠点となった舞台が原の辻遺跡である（図2）。

このことをうかがい知る手がかりとして、今から約一七〇〇年前に西晋の陳寿によって書かれた歴史書『三国志』がある。このなかに書かれた「魏書」東夷伝倭人の条（通称「魏志」倭人伝）に、邪馬台国をはじめ、そこにいたるまでのクニの情報や当時の倭の情勢、習慣などが二〇〇〇字弱で記されている。このなかに、壱岐島は「一支国《いきこく》（原文には一大国と記載）」のクニ名で登場する。現在の日本国内において、この邪馬台国および邪馬台国にいたるまでのクニのなかで、「クニの場所」と「王都（拠点集落）の位置」の両方がゆるぎないのは一支国の原の辻遺跡と伊都国の三雲・井原遺跡だけである。「魏志」倭人伝に記された内容と遺跡の発掘調査成果を見比べながら「弥生時代の対外交流の歴史」を解明できる国内屈指の事例として、二〇〇〇年に国の特別史跡に指定されている。

　原の辻遺跡の発掘調査は、戦後間もない一九五一年に東亜《とうあ》考古学会が調査をおこない、その後、長崎県教育委員会、芦辺《あしべ》町教育委員会および石田町教育委員会（現壱岐市教育委員会）が継続的に遺跡の実態解明に向けた調査を実施している。これまでの調査によって国内最古の船着き場跡をはじめ、集落を取りかこむ多重の環濠域、環濠内に形成された祭儀

図１●玄界灘に浮かぶ壱岐島
壱岐島上空から対馬方面を望む。全体的になだらかな地形が特徴。奥には対馬の島影を見ることができる。

場を中心とした居住域、環濠外に形成された甕棺墓《かめかんぼ》や石棺墓《せっかんぼ》で構成された墓域などが確認されている。出土品も国際色豊かで、中国大陸や朝鮮半島からもちこまれた土器や交易品をはじめ、国内各地で生産された土器などバラエティ豊かな資料が一〇万点以上発見されている。なかには国内唯一の人面石《じんめんせき》をはじめ、国内最古のガラス製トンボ玉、一つの遺跡としては日本最多の出土量をほこる中国大陸や朝鮮半島からもちこまれた外来系土器や銅鏃《どうぞく》など、原の辻遺跡を象徴する資料がある。そのほかにも、後述する「魏志」倭人伝に記された内容を物語る資料として、棹秤《さおばかり》の錘《すい》（おもり）として使用される青銅製の権《けん》、横弓である弩《ど》の矢の先に取りつけて使用する青銅製三翼鏃《さんよくぞく》、馬車の車輪を留める部品として使用された青銅製車馬具、鉄鎚や板状鉄斧などの鉄製品、中国で使用されていた銅銭（五銖《ごしゅ》銭《せん》、大泉五十《だいせんごじゅう》、貨泉《かせん》）や銅鏡などの青銅製品、流れ着いた椰子の実を加工してつくった椰子笛なども発見されている。

図2 ● 原の辻遺跡遠景

長崎県で2番目に広い深江田原平野につくられた原の辻遺跡。現在は、17棟の復元建物が復元されている。

2　壱岐島の環境

壱岐島は、福岡県博多港から北西に七六キロ、対馬島厳原《いずはら》港から南東に七六キロ、佐賀県呼子《よぶこ》港から北に二六キロの場所に位置する。壱岐本島と二三の属島で構成され、南北約一七キロ、東西約一五キロ、総面積は一三九平方キロの規模である（**図3**）。島の地形は南北にやや長い楕円状を呈し、面積は対馬島の約五分の一程度の大きさである。島の土台となる地盤は玄武岩質で構成されており、比較的安定した環境下にある。

　標高一〇〇メートル前後の小高い丘陵で構成されているのが特徴で、標高二〇〜一〇〇メートルの

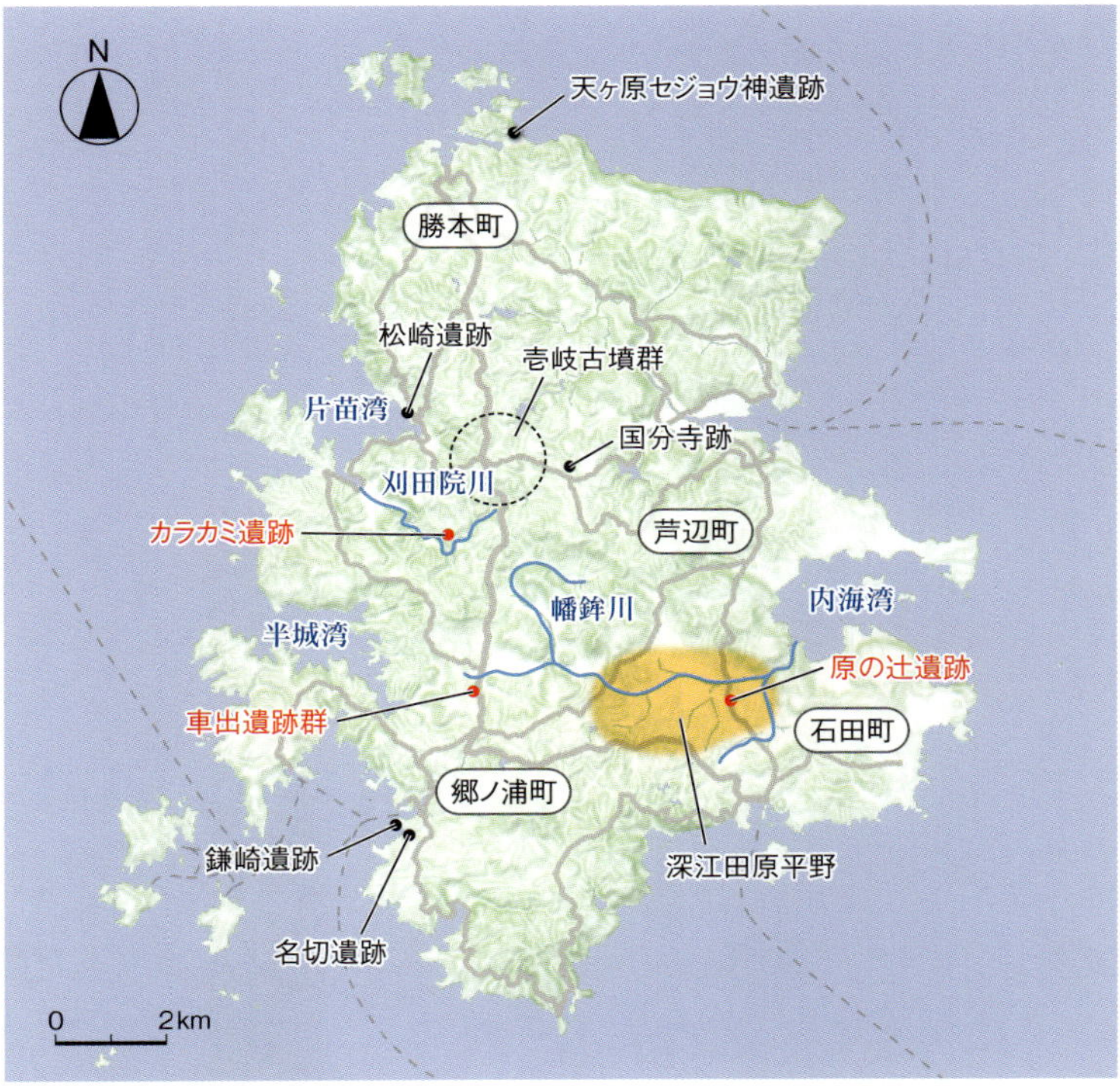

図3 ● 壱岐島の地形と主要遺跡
原の辻遺跡は内海湾、車出遺跡群は半城湾、カラカミ遺跡は片苗湾をそれぞれ海の玄関口としてもつ。海岸から少し内陸に入った平野部に集落がつくられているのが一支国の特徴。

丘陵地が島内の八〇パーセント以上を占めている。もっとも高い岳《たけ》の辻《つじ》でも標高二一三メートルで、頂上からは島全体を見わたすことができると同時に、天気に恵まれると九州本土や対馬島の島影を一望できる。河川は、小高い丘陵と丘陵の谷間を流れ、海にたどりつく。島の南東部を流れる幡鉾《はたほこ》川が全長約九キロと島内で最長をほこるが、幡鉾川以外の河川は一・五〜四キロ程度と比較的短く、源流から流れ出した水は本流と合流し、海へと注ぐ。平野は、長崎県内で最大級の広さをほこる、通称深江《ふかえ》田原《たばる》とよばれる平野が芦辺町と石田町にまたがって存在し、県内有数の穀倉地帯となっている。

原の辻遺跡は深江田原平野に存在する。この平野は島内各地の山麓から湧き出た水が集まり、幡鉾川に合流する場所に位置する。遺跡からは海を望むことができないが、幡鉾川を東に約一キロ下流に向かうとそこには、遺跡の海の玄関口である内海《うちめ》湾が広がっている。原の辻遺跡は深江田原平野に舌状にのびる丘陵の最頂部（標高一八メートル）にある祭儀場を中心に、標高一〇メートル前後の丘陵尾根上に居住域が広がっている。

3 「魏志」倭人伝に記された壱岐島

前述のように、「魏志」倭人伝には倭に関する情報が約二〇〇〇字で書き記されており（図4）、そのなかに一支国に関する情報が五七文字で記されている。

又南渡一海千余里、名曰瀚海、至一大国。官亦曰卑狗、副曰卑奴母離。方可三百里、多竹木叢林、有三千許家。差有田地、耕田猶不足食、亦南北市糴。

内容をみると「（対馬国を出発して）南に一海を渡ること千余里で一大国（一支国）に到着する。（壱岐島と対馬島のあいだの海は）瀚海《かんかい》と名づけられている。（一支国にも対馬国と同じく）大官の卑狗《ひこ》と次官の卑奴母離《ひなもり》がいる。国の広さは三百里四方ばかり、島には竹木が茂り、三千ばかりの家がある。（対馬国と比べると）やや田地があるが、水田を耕しても皆が食べるだけの食料としては足らず、南や北と交易、交流をして暮らしている。」と書かれている。五七文字のかぎられた情報ではあるが、文字情報がない弥生時代において当時の壱岐島の環境や社会をうかがい知ることができる貴重な文献史料である。

一支国の情報は、対馬国の基本情報に基づき、比較するかたちで記載がなされている。たとえば国（島）の大きさは対馬国が「四百里」に対し、一支国は「三百里」、島

図４●「魏志」倭人伝にあらわれる国名と推定位置
「一支国」は、邪馬台国にいたる倭のクニのなかで唯一「クニの位置」と「王都（拠点集落）の場所」の両方が特定されている。

の環境は対馬国が「深い森で覆われている」のに対し、一支国は「竹木が茂る」程度であり、家の数は対馬国が「千戸あまり」に対し、一支国は「三千家あまり」、水田に関しては対馬国が「田んぼに適した土地が無い」のに対し、一支国は「やや田地があるが、水田を耕しても皆が食べるだけの食料としては足りない」と記載してある。

表1●「魏志」倭人伝に記されたクニグニの人口

国名	官	副官	戸数	備考
対馬国	卑狗（大官）	卑奴母離	千余戸	
一支国	卑狗	卑奴母離	三千許家	
末盧国			四千余戸	
伊都国	爾支	泄謨觚 柄渠觚	万余戸	郡使駐まる所 一大率が常駐
奴国	兕馬觚	卑奴母離	二万余戸	
不弥国	多模	卑奴母離	千余家	
投馬国	弥弥	弥弥那利	五万余戸	
邪馬台国	伊支馬	弥馬升 弥馬獲支 奴佳鞮	七万余戸	女王の 都する所
斯馬国 都支国 不呼国 蘇奴国 鬼国 邪馬国 支惟国	己百支国 弥奴国 姐奴国 呼邑国 為吾国 躬臣国 烏奴国	伊邪国 好古都国 対蘇国 華奴蘇奴国 鬼奴国 巴利国 奴国		其の余の旁国 遠絶にして 詳を 得べからず
狗奴国	狗古智 卑狗			男子の王 女王に属さず
女王国の東に渡海して、また倭種の国有り				

文献史料からみる一支国の人口

対馬国と比較するかたちで一支国の情報が記載されているが、家の数の記載においては、対馬国は「〜戸」に対し、一支国は「〜家」と違いがみられる。「魏志」倭人伝に記載されたクニのなかで、一支国と不弥《ふみ》国だけ単位が「戸」ではなく「家」で記載されている（**表1**）。渡来人が家の単位を替えたのは、彼らが一支国を訪れ見た景色が、ほかの地域のクニの建物と異なり仮設的な建物が多くカウントがむずかしかった、または交易をおもな目的とする渡航者が多く、季節によって人の流入や流出が著しいため、定住者をカウントするのがむずかしかったことが考えられる。

交易拠点として栄えた原の辻遺跡は、ほかの地域のムラとは異なり、交易がおこなわれる夏季と交易がおこなわれない冬季で人口が変化する流動的な集落構成が想定され、一年を通じて同じ場所で生活する定住民が少なかったと考えられる。交易がおこなわれる夏季に国内外から多くの人が集まった集落を見た渡来人が、一支国の家の数を「三千家」とカウントした可能性が高く、交易がおこなわれない冬季に三千家の住人が原の辻遺跡など一支国で暮らしていたかについては疑問がのこる。

のちの平安時代に編纂された日本の文献史料をみると『類聚三代格《るいじゅうさんだいきゃく》』には「壱岐の人口一万六〇〇人」、『倭名類聚抄《わみょうるいじゅうしょう》』には「壱岐の人口一万三五〇〇人」と記録されており、古代は壱岐の人口が一万人前後で推移していたことが記録からみえてくる。古代よりも前の弥生時代において、人口が一万人を超えていたとは考えにくく、「魏志」倭人伝では見た目以上の家の数が算出された可能性が高い。

「南北市糴」が物語る一支国のバザール

稲作に関する記載に関しても、単にコメの生産効率が低かったために需要に見合うだけの供給量が追いつかなかったのか、あるいは島内の供給量をはるかに超えるだけの需要があったことがその理由にあると思われるが、一支国では長期滞在するにあたり必要な食料であるコメも物々交換の対象となっていた可能性が高く、収穫されたものを自家消費するだけでなく、交易品のひとつとして市（バザール）で取り引きしていたのではないかと推考できる。

一支国の記載の文末に書かれた「南北市糴《なんぼくしてき》」の文字に「糶《ちょう》（うりよね、売るためのコメ）」でなく「糴《てき》（かいよね、買い入れたコメ）」の字が使用されていることから、足りないコメは交易によって他地域から追加入手していたことが想像できる。一支国と対馬国の記載でのみ使用されている「南北市糴」の四文字からは、渡来人や倭人が積極的に海を越えて朝鮮半島と日本本土を行き来し、交易や交流をおこなっていた姿が連想できる。

4　壱岐島のあけぼの

旧石器時代から縄文時代まで

壱岐島で人類が生活しはじめたのは旧石器時代後期以降と考えられており、原の辻遺跡やカラカミ遺跡、松崎遺跡、名切《なきり》遺跡などから狩猟に用いる石器が発見されている。しかし、人類が定住したことを示す住居の痕跡が見つかっていないことから、海をわたってきた旧石器人が休息や海のシケから逃れるために島に上陸し、一時的に滞在したものと考えられている。

縄文時代に入ると、松崎遺跡、名切遺跡と鎌崎《かまさき》遺跡（弁天崎遺跡）などで生活が営まれる。現在までにおこなわれてきた島内の発掘調査地点の影響もあると思われるが、縄文時代の遺跡は、原の辻遺跡がある東海岸ではなく、島の南西から西海岸に集中する傾向がみられ、これらの縄文遺跡は潮の満ち引きで海に沈む潮間帯にあるのが特徴である。

一九八三年の長崎県教育委員会による名切遺跡の発掘調査では、どんぐりピットとよばれる、堅果類を一時的に貯蔵する竪穴三〇基が確認されている（図5）。出土状況から、堅果類を竪穴のなかに入れ、湧水によって水漬けし、食料を保存していたものと想定される。

同遺跡から発見された石器の素材は黒曜石が多く、壱岐産の黒曜石のほかに佐賀県伊万里市腰岳《こしだけ》産の黒曜石が数多くふくまれていることから、腰岳産の黒曜石が日本各地に広がる流通網のなかで、壱岐島もその構成員として積極的にほかの地域と交流していたことを物語っている。二〇〇二年の勝本町教育委員会（現壱岐市教育委員会）による松崎遺跡の調査では、生活の痕跡を示す遺構は確認されなかったものの、幾何学的細線刻文をほどこし、滑石《かっせき》粉末を混入した縄文時代前期の轟《とどろき》B式土器や曽畑《そばた》式土器とともに、朝鮮半島からもちこまれたとみられる隆起文土器や櫛目文土器が出土している。

壱岐島での定住のはじまり

弥生時代になると、大陸から朝鮮半島を経由して北部

図5 ● 名切遺跡出土のどんぐりピット
潮間帯に位置する場所につくられた食料を一時的に保存するための貯蔵穴。中に入れられた堅果類が浮いてこないように木の蓋をかぶせて、石皿などを錘のかわりとして使用している。

九州を中心とした国内に稲作農耕の文化が伝わり、これまでの狩猟採集の生活から大きく変化した。稲作農耕に適した場所をえらび、その周辺に集落を構え、集団で生活するスタイルは、縄文時代にはなかった水利や土地所有の概念、集落の造営や経営方法などに大きな影響を与えたものと思われる。農耕文化が渡来人によって国内に伝播すると同時に、稲作農耕に使用する道具類、墓制や祭祀の執りおこない方にいたるまで、これまでに存在していなかったあらたな道具や風習も伝承され、各地に広がっていった。

壱岐島や対馬島はこの稲作伝播ルート上に位置するが、弥生時代早期から弥生時代前期初頭にかけての集落遺跡は発見されていない。これは、集落にかぎったものではなく、同時期に北部九州に広がった大陸系の墓制のひとつである支石墓《しせきぼ》でも同じ状況である。つまり、弥生時代がはじまった段階において、壱岐島と対馬島は移動の目的地ではなく、目的地にいたるまでの通過点だったことが理由として考えられる。これまでの発掘調査成果や出土した資料から、原の辻遺跡では弥生時代前期後葉段階になって、突如として大規模な集落が形成されたことが判明している。縄文時代に形成された西海岸の遺跡から継続して発展する集落遺跡がないことをあわせて考えると、島内に縄文時代から存在していた集団によって原の辻遺跡の集落が形成されたのではなく、この時期に島外から海をわたって移住してきた交易を目的とする集団によって集落が形成された可能性が考えられる。

第2章　原の辻遺跡を掘る

1　原の辻遺跡の発見と調査の歴史

　原の辻遺跡は、一九〇四（明治三七）年ごろ、壱岐の郷土史家だった松本友雄《ともお》によってその存在が知れわたり、昭和初期に学会や広報誌などで紹介され、全国に周知されることとなった。その後、一九三九（昭和一四）年には、深江田原平野を流れる幡鉾川の改修工事の際に土器などの遺物をふくむ土層が発見され、地元の小学校の教師であった鴇田忠正《ときたただまさ》が調査をおこなった。鴇田は、発見された遺物を整理し、一九四四（昭和一九）年に「長崎県壱岐郡田河村原ノ辻遺跡の研究」（『日本文化史研究』）として論文を発表した。これがきっかけとなり、戦後の一九四八年に人文科学系学会の連合組織である九学会連合による分布調査がおこなわれ、一九五一年からは東亜考古学会が一〇年の月日をかけ発掘調査を実施した（図6）。その時の調査成果をまとめた正式な報告書は刊行されていないが、調査に参加した水野清一《せいいち》や岡崎敬《たかし》がのこした論文でたびたびその成果が報告されている。

一九五四年に報告された「壱岐原の辻弥生式遺跡調査概報」（『対馬の自然と文化』、水野清一、岡崎敬）もその一つであるが、このなかで弥生土器をふくむ遺物包含層が土器型式のちがいから一層（原の辻上層式）と二層（原の辻下層式）に明確に区別されている。下層からは石器のみの発見であったが、上層では石器に代わって鉄器が発見されたことから、鉄器導入の画期として指標になるとまとめている。

また岡崎は、一九五六年には「日本における初期鉄製品の問題 ——壱岐ハルノツジ、カラカミ遺跡発見資料を中心として——」（『考古学雑誌』第四二巻一号）のなかで、弥生時代における鉄製品の問題に論究するとともに、原の辻遺跡やカラカミ遺跡の重要性を世に広めた。

大原地区墓域にはじまる本格的な調査

東亜考古学会の調査から一三年の月日が過ぎた

図6 ● 東亜考古学会による発掘調査（1951年）
戦後間もない1951年から10年かけて調査がおこなわれ、その成果が学界に知れわたり、北部九州を代表する弥生時代の遺跡として全国に周知されることとなった。

一九七四年、大原地区（図8参照）の造成工事中に甕棺墓や石棺墓が発見されたのを機に、行政機関による原の辻遺跡の発掘調査が開始された。

平成に入り、それまで蛇行して流れていた幡鉾川を直線化し、圃《ほ》場《じょう》整備する幡鉾川総合整備計画の話が本格化したのを機に、一九九一年から二カ年をかけて長崎県教育委員会が遺構確認調査をおこなった結果、原の辻遺跡の範囲が約一〇〇ヘクタールにわたって広がっていることが判明した。調査成果に基づき、遺構が集中する丘陵裾部を中心に一九九三年から本調査を実施した結果（図7）、多重の環濠が確認され、環濠内からは廃棄された弥生土器だけではなく、中国大陸や朝鮮半島からもたらされた外来系土器、金属製品、木製品、骨製品、動物遺存体など、当時の原の辻遺跡の様相を解明するうえで貴重な資料がつぎつぎと発見された。

この発見以降、原の辻遺跡は広く周知されることとなり、学者や研究者だけでなく郷土史家や考古学

図7 ● 壱岐市教育委員会による発掘調査（2006年）
祭儀場がある中心域の北側に位置する遺構の確認調査のようす。発掘調査では土器たまりに廃棄された大量の土器が出土した。

ファンにいたるまで国内外から注目される遺跡となった。一九九五年には、丘陵の最頂部から一直線に並んで建てられた建物群（祭儀場跡）が、そして一九九八年には船着き場跡が発見されるなど、「魏志」倭人伝に記された一支国の拠点集落であることが明らかになっていった。このような成果から遺跡としての重要性が広く認知され、一九九七年に国史跡の指定を受けた。

その後も遺跡の実態解明のための調査は進められ、集落を取りかこむ環濠内から大量の遺物が発見された。遺物のなかには、日本最古や唯一といった遺物も数多く発見されたことから、原の辻遺跡が単なる弥生時代の環濠集落ではなく、東アジアとの対外交流の窓口として重要な役割を果たしていたことが解明されたため、二〇〇〇年には国内の弥生集落遺跡としては登呂遺跡（静岡県）、吉野ヶ里遺跡（佐賀県）につづいて三例目となる国特別史跡の指定を受けた。以降、今日にいたるまで原の辻集落のさらなる実態解明に向けた発掘調査を実施している。

2　発掘でみえてきた遺跡の様相

集落を取りかこむ多重環濠

原の辻遺跡の範囲は約一〇〇ヘクタールにもおよぶが、そのなかでも環濠が発見されている部分を中心に、居住域や墓域をふくむ約二五ヘクタールが国の特別史跡に指定されている（図8）。集落は、深江田原平野に舌状にのびる丘陵尾根上に広がり、同丘陵の最頂部（標高一八メートル）部分に祭儀場を形成している。丘陵裾部には地形に沿って多重の環濠が掘られてお

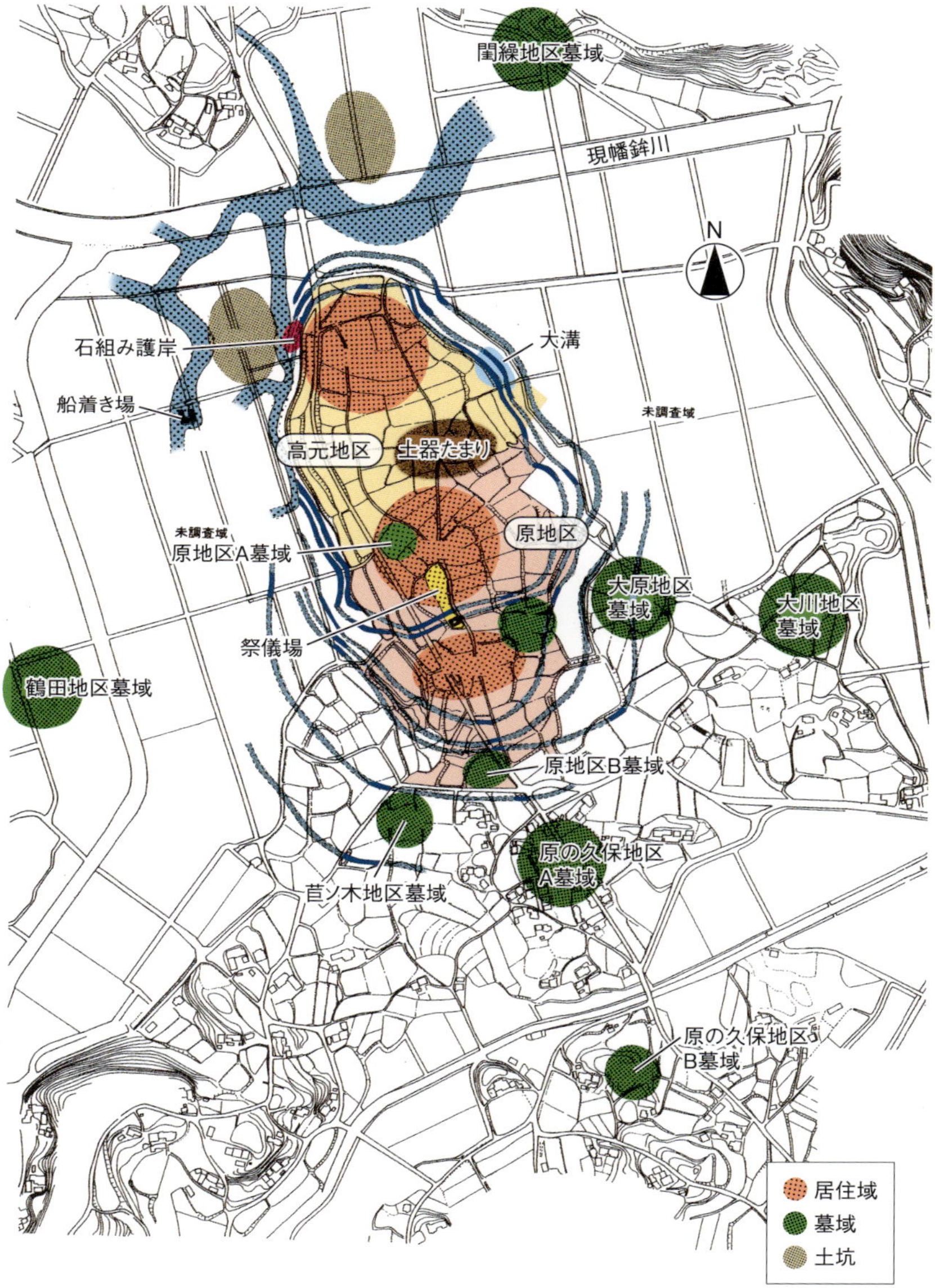

図 8 • 原の辻遺跡全体図
原の辻遺跡は集落を取りかこむ環濠内を居住域、環濠外に墓域を形成する特徴がみられる。環濠の拡張とともに墓域も外側に向かって広がっていく。

り（図9）、北西側の一部は旧河道を環濠として代用している。集落が形成された環濠外の北西側には日本最古の船着き場が築かれている。墓域も基本的には環濠外につくられているが、環濠が外に広がるにつれて、墓域もさらに環濠の外側につくられ、集落がある丘陵から離れていく傾向がみられる。

原の辻遺跡では集落を取りかこむ環濠が掘りめぐらされているが、幅が一・五メートルから

図9● 丘陵東側で発見された環濠
居住域が広がる丘陵の裾部に沿うように掘りめぐらされた環濠。集落廃絶前に投げこまれた大量の土器が出土している。

二メートル程度、深さは一メートルから二メートル程度と小規模な濠《ほり》が多いのが特徴である。環濠が掘られる要因として防衛機能が想定されるが、原の辻遺跡がある壱岐島はまわりが海でかこまれており、自然の要害に守られているため、あえて集落内に大規模な環濠を掘りめぐらす必要はなかったものと考えられる。西側の低地は環濠の一部が支流河川につなげられており、このような構造から、原の辻遺跡の環濠は防衛機能より排水機能に重点を置いて掘っていることがわかる。また、排水機能以外の要素として、集落の範囲を示すランドマークとしての区分機能が考えられる。濠をめぐらし、集落範囲を表示することで、集落内と集落外を明確に見えるかたちで区分する目的も環濠にあったのかもしれない。

発掘調査では、西側低地の濠に、土手状遺構が何重にも設けられていることが確認されている（図31参照）。土手状遺構と土手状遺構のあいだが溜め井の役割を果たしており、水の流れを意図的にコントロールしていることがわかる。また、環濠がつながる支流河川では水辺祭祀がおこなわれており、河川に投げ込まれた遺物が集中して発見されている（図10）。この場所からは、筒形器台をはじめとした丹塗り祭祀土器、貨泉や車馬具といった交易でもたらされた青銅製品が発見されている。投げこまれた祭器を使用し、水に関する祭祀を水辺でおこなったことが発掘調査状況から想像できる。

環濠と支流が合流する水の流れが強い場所には、石組《いしぐみ》によって護岸補強がなされており（図30参照）、後述する船着き場と同じ工法が用いられている。

先述のように、環濠が使われていた時期は排水機能が重視されていたことから、環濠内に投げこまれた遺物はあまり多くない。とくに弥生時代後期初頭に起きた大水害によって低地一帯が水没し、埋没した環濠を再構築する際に、それ以前に環濠内に堆積した遺物はかき出されており、弥生時代中期末以前の遺物はあまり発見されていない。しかし、集落が解体される古墳時代初頭の遺物がまとまって廃棄されている状況がみられる。これらは、集落解体時に祭祀をおこない、祭祀後に廃棄した遺物や、集落から出ていく際に不要になったものを廃棄した遺物とみられる。これらの廃棄遺物のなかには後述する人面石もふくまれており、集落解体時の祭祀行為のなかで祭器として使用され、廃棄されたことがわかる。

集落のシンボル、祭儀場跡

集落内の最頂部（原地区）には、シンボルとなる祭儀場が設けられている（**図11**）。特別な空間として位置づけられた祭儀場内には、主祭殿（高床建物）、平地建物（平屋脇殿）、小型高床倉庫群、周溝状遺構の主軸が一直

図10 ● 支流河川で発見された水辺祭祀遺構
丘陵の西側を流れる支流河川が交わる場所で発見された水辺祭祀遺構。河川内には大量の祭祀土器をはじめ、貨泉や車馬具などの青銅製品が廃棄されている。

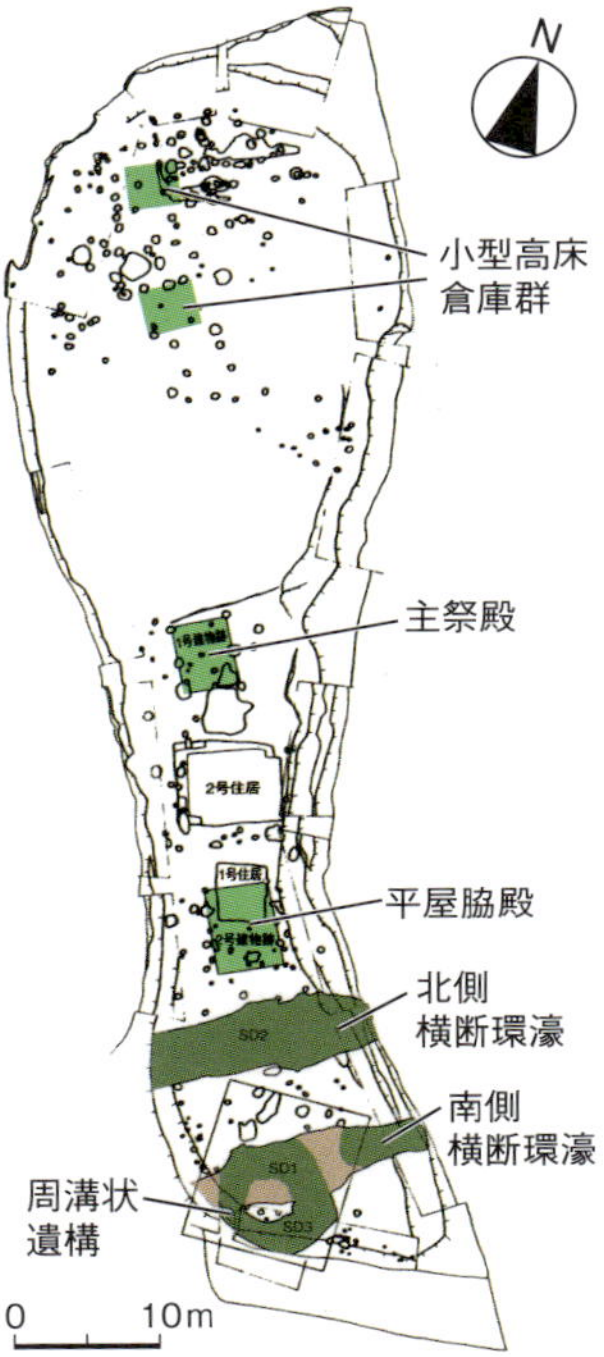

線に並ぶかたちでつくられている。

さらに祭儀場を取りかこむように建物群が形成されており、東側エリアには平地建物や物見やぐらなどの建物群が、北側エリアには大型の竪穴建物や掘立柱建物などの建物群がそれぞれ広がる。丘陵先端部（高元地区）からも竪穴建物や掘立柱建物などの建物群が確認されている。二つの居住エリアの建物跡を比較すると、一辺が四メートルの正方形状の竪穴建物（床面積一六平方メートル）が一般的な高元地区に対し、長軸八メートル×短軸六メートルの長方形状の大型竪穴建物（床面積四八平方メートル）が並ぶ原地区（**図12**）では建物の規模に大き

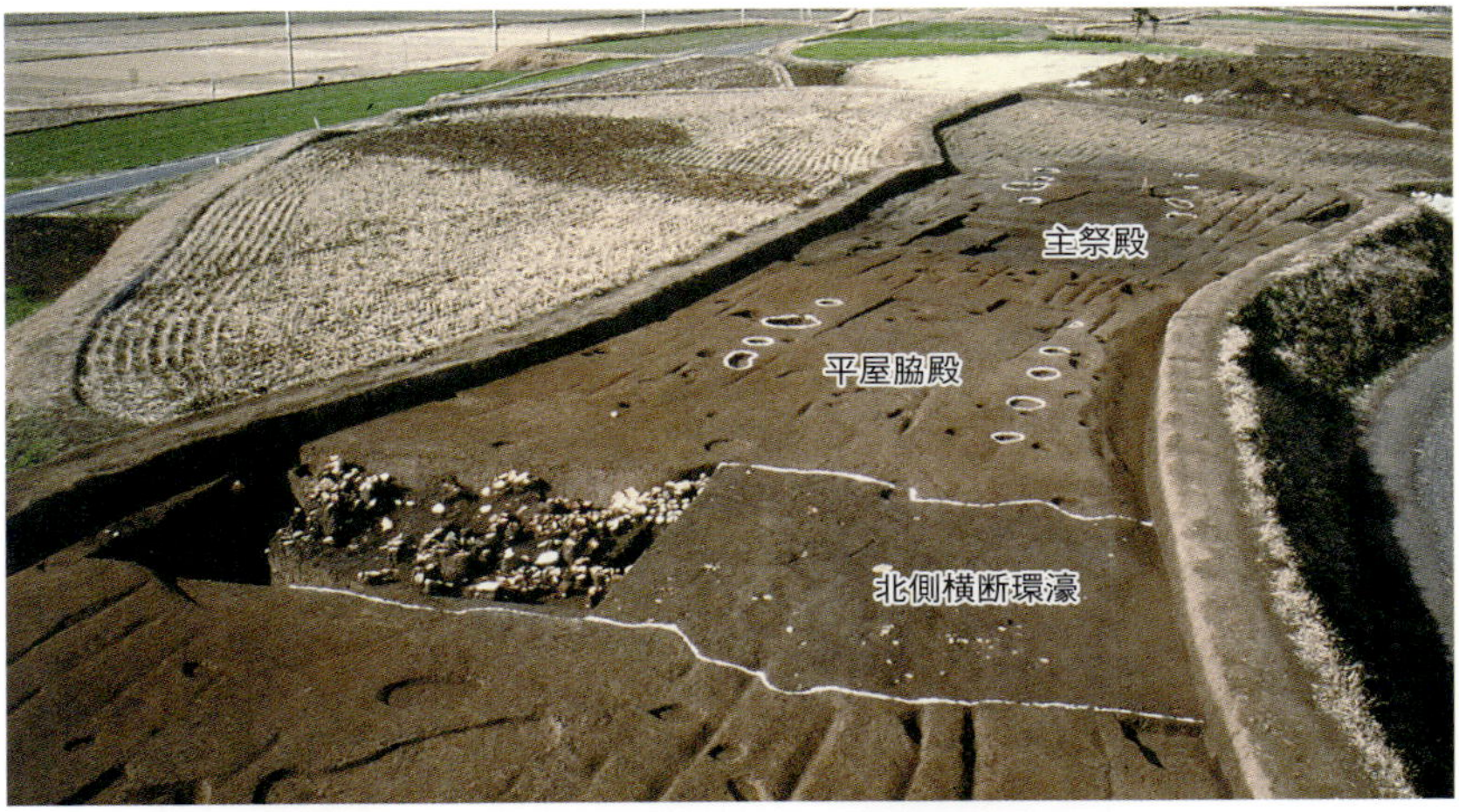

図11 ● 丘陵最頂部で発見された祭儀場跡の平面図（上）**と出土状況**（下）
原の辻集落を構成する丘陵の最頂部に位置する祭儀場跡（標高18ｍ）。１棟の平地建物と３棟の高床建物が主軸をそろえて建てられているのが特徴。南側には丘陵を横断する二重の環濠が掘られている。

なちがいがみられる。また、原地区に平地建物や物見やぐらが集中していることなどをみても、二つの居住域に機能的なちがい、もしくは身分による住みわけがなされていた可能性が考えられる。高元地区を一般階層のエリアとするならば、原地区は国の中枢機能が集まる上級階層のエリアであったといえるだろう。祭儀場や大型の竪穴建物は、日常的に使用される場所や建物ではなく、祭祀行為、迎賓、集会などをおこなう時に使用された非日常的な空間だったと考えられている。

最先端の技術でつくられた国内最古の船着き場

舌状にのびる丘陵北西部の低地では、国内最古の事例となる船着き場が確認された（図13）。発掘調査の結果、船着き場の規模は南北方向約四〇メートル、東西方向約三〇メートルの大きさで、両側に突堤をもつ船渠《せんきょ》部が二カ所あり、島状の形になっていることが判明している（図14）。船の

図12 ● 祭儀場の北側で見つかった大型竪穴建物跡（原地区）
中心域につくられた長軸8m、短軸6mにもおよぶ大型の竪穴建物跡。日常生活の場ではなく、一支国を訪れる使節団の接待や集会の場として使用されたと考えられている。

停泊時に風よけの役割を果たす突堤は、築造段階で底面に樹皮を敷きつめ（図15）、その上に何重にもわたる版《はん》築《ちく》がおこなわれている。

　底面の樹皮はスポンジのような存在で、湿度の高くなる夏季は、版築した土に溜まった水分を吸収し、乾燥する冬季は吸いこんだ水分を版築した土に放出することで年中通して土に潤いを与える役割を果たしている。また、版築した側面に人頭大の礫石を積み重ね石積

図 13 ● 丘陵北西部の低地で見つかった船着き場跡
築造には、当時の中国の最先端技術「敷粗朶工法」が採用されている。船着き場として使用する実用的な要素よりも一支国の威信を示すモニュメント的な要素の方が強い。

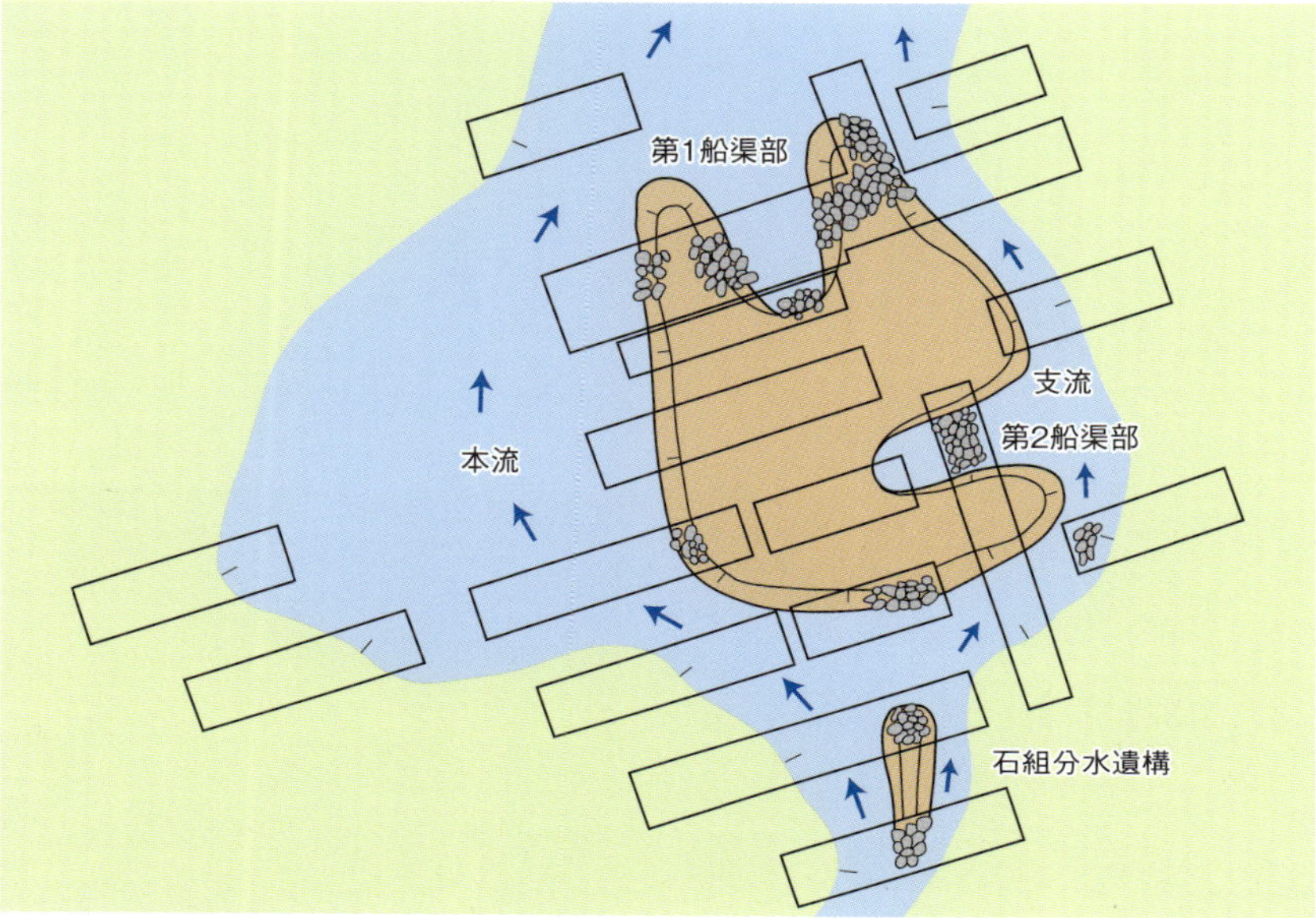

図14 ● 船着き場の構造
意図的に島状になるようにつくられている。主要な場所には人頭大の礫石を積み上げて崩れにくいように工夫されているのが特徴。島状の内部から構造物は確認されていない。

図15 ● 船渠部の発掘調査のようす
船渠部は底部から礫石が積み上げられ、矢板や木杭を使って盛り土が流出しないように工夫されている。また、盛り土の底面には木の樹皮を敷きつめて崩れにくくしている。

み仕上げにすることで、崩落を防ぐ役割を果たしており、底面付近には水によって版築した土の流出を防ぐために矢板を打って土留めしている。

このような工法は、最先端の中国の技術「敷粗朶工法《しきそだこうほう》」とよばれ、船着き場の随所に用いられていることからも、渡来人が船着き場の建設に大きな影響を与えていることをうかがい知ることができる。さらに川底にも石を隙間なく敷きつめている点や、突堤を川底部分から版築によって完成させている点などからみて、船着き場は既存の河川につくられたものではなく、大規模な土木工事によって完成させ、そののちに本流の河川につなげて水を流しこんだ可能性が高いことがわかる。

本来、突堤は船渠部に停泊した船が外海で波を受けて揺れないようにするために設けられる。それがなぜ、内陸部の船着き場に必要であったのだろうか。しかも波の影響がない河川にわざわざ基礎から築造しているだけでなく、内海湾から川をのぼって集落に向かう場合、船着き場は集落の奥まった見えない部分につくっている。さらに船着き場につながる河川は水深が浅く、準構造船のような大型船の場合、船底が川底に接触し、船着き場までたどり着くことすら不可能である。実際に船着き場まで船で来ていたとするならば、水深が浅くても影響が少ない小さな丸木舟もしくはいかだ舟程度にかぎられることから、つくられた船着き場がいかにオーバースペックだったかがわかる。

これだけの最先端の技術と多くの人員を投入してまでこの場所に船着き場をつくった背景には、船着き場が実用的な港としての機能ではなく、海の拠点であることを印象づけるための実用可能なモニュメント、もしくはさまざまなクニから原の辻を訪れる使節団を受け入れるセレモニースポットとして使用されたのではないか、と私は考えている（図16）。意図的に島状の形をつくり出し区画することにより、特別な空間であることを目に見えるかたちで表現していることや、発掘調査を実施しても船着き場本体およびその周辺からはあまり遺物が発見されないことをみても、船着き場が日常的に使用されていた可能性はかぎりなく低かったことが想定できる。

船着き場は弥生時代中期前葉につくられ、弥生時代後期初頭までの約二〇〇年間、原の辻集落の顔として多くの来訪者を迎え入れている。そのような船着き場が解体にいたった理由として、先述した低地部の大水害が考えられている。発掘調査では、船着き場の突堤に積み上げられた人頭大の礫石の直上に、堆積した灰白色の粘

図16 ● 船着き場の想像復元模型
海の玄関口である内海湾まで運ばれてきた交易品は、小舟に乗せかえて幡鉾川をのぼり、集落内の船着き場で荷揚げされた。模型は荷揚げのシーンを再現している。

質土層の存在が確認されている。この灰白色の粘質土層は、特定の場所だけでなく、西側低地部の随所でみられる。堆積の仕方も突堤の上部までほぼ同時期に船着き場を覆うように堆積していることから、大水害によって船着き場をふくむ低地部分が水没し、埋没して機能を失った可能性が高い。その後も船着き場は復興されることなく、そのまま地中に埋没し、集落から姿を消したことから、発掘調査ではほぼ当時のままの状態で発見することができた。

3 「南北市糴」を物語る交易品

バザールを象徴する「青銅製権」

丘陵最頂部の原地区から日本最古の青銅製権（分銅）が発見されている（図17）。物々交換で取り引きがおこなわれていた弥生社会において、発見された青銅製権は原の辻の集落で棹秤によるシステマチックな均等取り引きが成立していたことを証明する貴重な資料である。上部先端の鈕《ちゅう》部分は欠損しているもののほぼ完形の状態で、最大幅三・四センチ、高さ四・三センチ、重さ一五〇グラムである。鉛同位体の分析の結果、後漢の時代に製作された可能性が高く、中国大陸から交易によって搬入されたものと考えられる。

「魏志」倭人伝にも、倭の記載のなかに「国には市（バザール）があり、交易をおこなっていて、大倭に命じて市を監視させている」とある。このことから、集落でも青銅製権が発見された原地区周辺にクニのバザールがあり、これを監視する役人のもと「市糴」がおこなわれていたことが想定される。ちなみに、権の重さが一五〇グラムしかないことから、小さな貴重品を取り引きする時に用いられた可能性が高い。赤色顔料や金属製品の素材などが計量の対象だったのではないだろうか。

龍の神話を描いた国内唯一の絵画土器

舌状にのびる丘陵の東部の低地からは龍線刻絵《りゅうせんこくかい》画《が》土器が発見されている（図18）。環濠に廃棄されていたもので、龍を線刻で描いた直口壺《ちょっこうつぼ》である。口径七センチ、胴部最大径九・六センチ、器高一〇・六センチで、外面胴部に二匹の龍と「×」のような印が線で刻まれており、一匹は丸まった姿、もう一匹は天にのぼる姿を描いている。

中国の神話では、龍は地上に存在するすべての水を支配し、雨、風、雷などの天候をも操ることができる水神として崇められている。また春になると地上にある水をもって天にのぼり、夏には豊富な雨をもたらし、秋になるとふたたび地上に降りてきて、冬のあいだは丸まって冬眠するとされている。龍線刻絵画土器は、この龍の神話を連想させる。つまり、丸まった姿の龍は冬眠している静のようすを表現した冬の象徴、天にのぼる姿の龍は冬眠から覚めた動のようすを表現した春の象徴を描いたもので、二匹の龍のあいだに描かれた「×」のような印は、

図17 ● 原地区出土の青銅製権
上部の鈕（フック）の部分が破損していることから、青銅製品の原材料として中国から持ちこまれた可能性も考えられる。

冬から春にかけてみられる雷を描いたものとみることができる。

使用用途としては、龍を水神と崇め、水に関連する祭祀の場で祭器として用いられた可能性が考えられる。また、土器を焼成する前に二匹の龍と「×」印を線で刻んでいることがわかっており、このことは龍の神話の内容を理解していた人物が弥生土器に龍の絵画を線刻していたことを意味している。池上曽根遺跡（大阪府）をはじめ、全国各地で龍をモチーフにした線刻

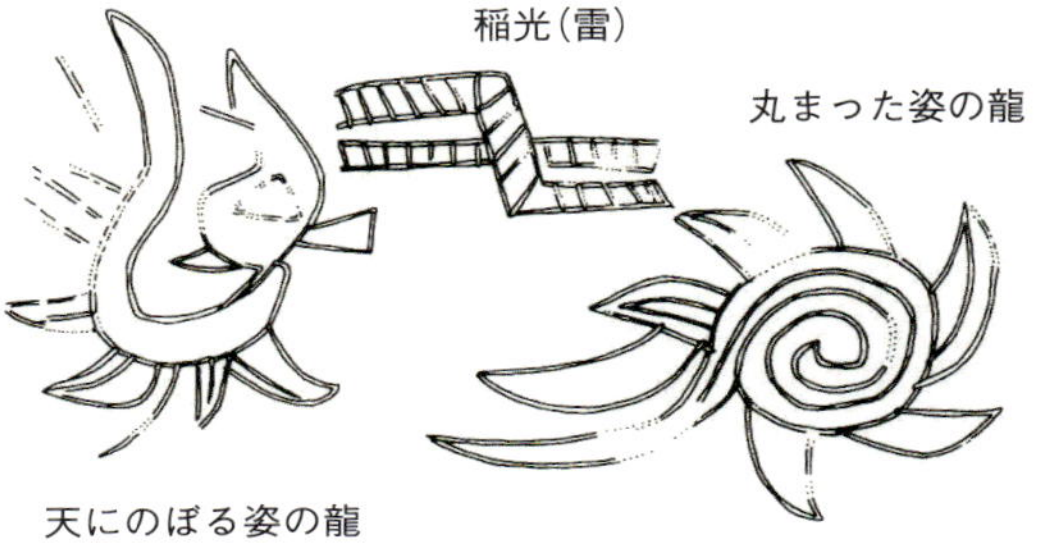

図18 ● 龍の神話が描かれた龍線刻絵画土器
中国の龍の神話を理解した人物が弥生土器に線刻しているのが特徴。中国では水神として崇められていることから、水に関する祭祀の場で祭器として使用された可能性が高い。

絵画土器は発見されているが、原の辻遺跡で発見された龍線刻絵画土器は、単なる龍の絵画ではなく、龍の神話のストーリーを表現しているのが特徴である。

偶像崇拝のシンボル、人面石

舌状にのびる丘陵の西部の低地からは、国内唯一の人面石が発見されている（図19）。人面石は凝灰岩《ぎょうかいがん》製で、最大部分で長軸方向一〇・二センチ、短軸方向七・四センチ、厚さ四・五センチ、重さ三一六・五グラムを測り、楕円状を呈す。両目は半分まで彫りこんであるが未貫通で、口は裏面まで貫通している。目の上には細い線で刻まれた眉が描かれ、目と目の間には鼻が表現されている。また頬にあたる部分は削り出しによってくぼみをつくり、こけた頬を表現している。角の部分は加工によって丸みをもたせ、より人の顔を模したつくりに仕上げている。先祖の霊を表現したシンボ

図19 ● 祭祀に使われたと考えられる人面石
目と口が彫りこまれているだけのようにみえるが、よく見ると目の上には眉が、目と目のあいだには鼻が線刻されており、人の顔を意識してつくられていることがわかる。

ルとしてつくられ、偶像崇拝の祭器として使用された可能性が考えられる。

よく、人面石がノルウェーの画家エドヴァルド・ムンクが描いた「叫び」に似ているといわれる。人面石は今から約二〇〇〇年前の弥生時代に製作された作品であり、決して真似してつくったわけではないが、見れば見るほど似ているように思われるのが不思議である。

4　集落の時期的変遷

ここまで、原の辻遺跡を特徴づける遺構や遺物を紹介してきたが、遺跡全体の変遷のなかで、それらはどのように位置づけられるだろうか。時期を追って確認していこう。

①原の辻I期〔弥生時代前期末〜中期初頭〕（図20①）

前章でも述べたとおり、原の辻遺跡で人の定住が確認されるのは、弥生時代前期末段階からである。この段階における集落は、竪穴住居跡や貯蔵穴といった生活関連遺構が丘陵の先端部（高元地区）に集中しており、高元地区の東側の低地には大溝が掘られ、大溝を流れる水は沼地状の落ちこみに流れこんで溜まる仕組みとなっている。この時期の墓域は、丘陵最頂部（原地区）と東南の丘陵につくられた大原地区から発見されており、墓域の時期的変遷をみると原地区A墓域の方が古く、のちに大原墓域に広がっていく傾向がみられる。原地区A墓域はひとつの甕棺墓を取りかこむようにつぎつぎと墓坑が構成されていることから、集落の礎を築いた

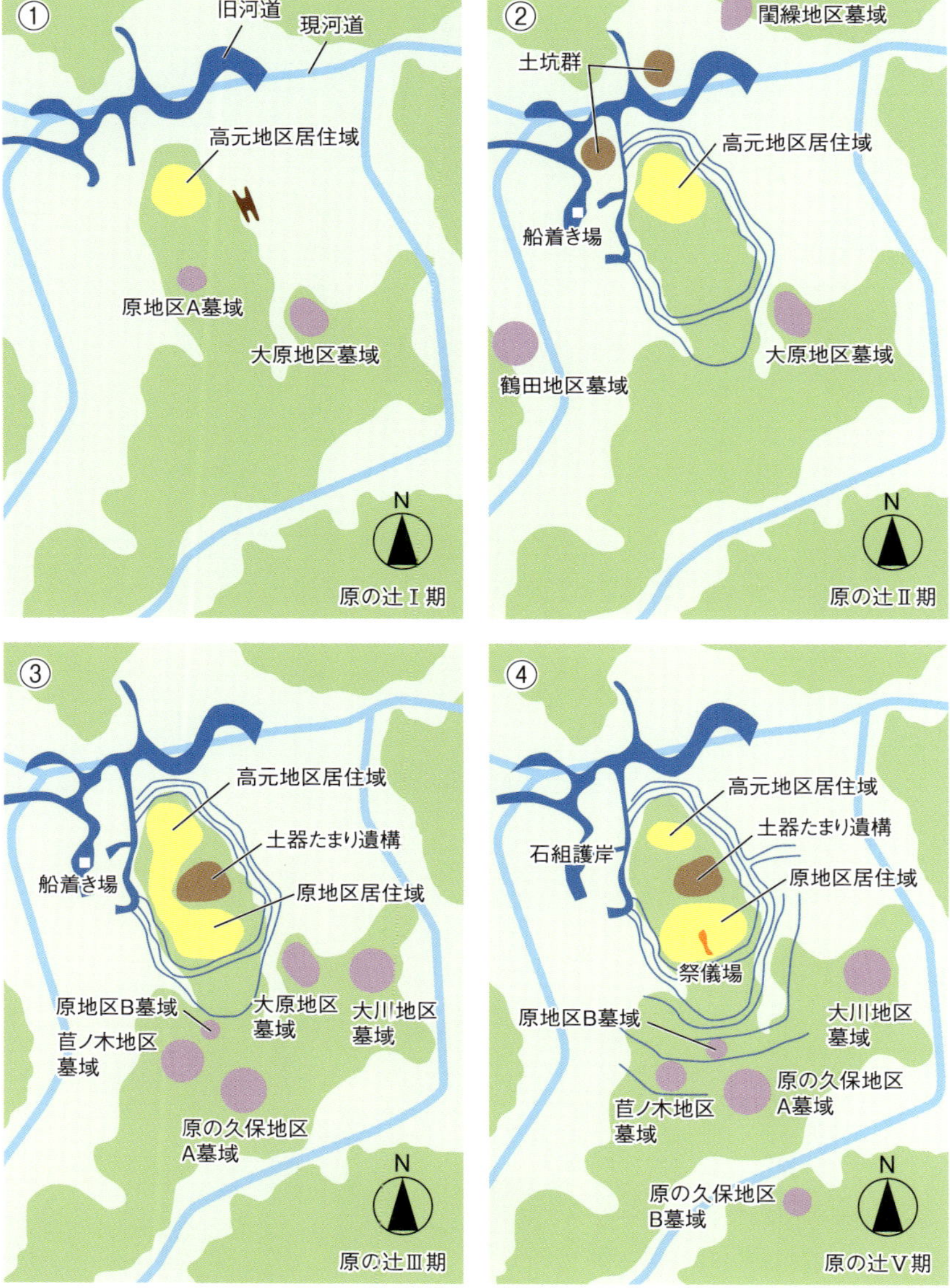

図20 • 原の辻遺跡の変遷

環濠の拡大とともに、墓域も環濠外に広がっていくことがわかる。「魏志」倭人伝が記された時代は原の辻Ⅴ期に該当する。整然と掘りめぐらされた環濠と環濠内の居住域の住みわけなど計画的につくられた弥生都市であることがわかる。

小集団の有力者およびその近親者が埋葬された墓域の可能性が考えられ、埋葬構成から家族的、血縁的関係の強いつながりがみえてくる。一方、東南の丘陵につくられた大原地区墓域は、甕棺墓と石棺墓が混在するかたちではあるものの、整然と並んで埋葬されていることから（図21）、ある一定の規則のもとで組織的に営まれていたことがわかる。

大溝内からはこの時期に使用された土器をはじめ、石製品、木製品などが発見されている。木製品は鋤や手斧などの未完成品が数多く発見されているのが特徴で、集落を形成する段階で必要な農耕具や工具をみずからの手で製作していた可能性がみえてくる。

また、木製盾や木製短甲の破片も発見されていることから（図22）、武器や防具を製作し、クニを守るという概念が集落形成時から存在していたことがわかる。そして高元地区の西側低地からは未完成の石製品、素材となる原石、製作時に出る剥片などが数多

図21 ● 並ぶように配置された甕棺墓と石棺墓（大原地区墓域）
整然と並ぶ列埋葬。主軸はそろえているものの、石棺墓と甕棺墓が混在しているのが特徴。

く発見されている。石包丁や石斧といった石製品の出土量が多いことから、木製品と同様に石製の農耕具や工具もみずからの手で製作していた可能性がある。

舌状にのびる丘陵の北西部にある別丘陵からは、朝鮮半島系無文土器（図23）や擬朝鮮半島系無文土器（無文土器の製作技法の特徴を継承しつつ、弥生社会でつくられた土器）が集中して発見されており、その点数は破片資料もあわせると一地点だけで一〇〇点を超える。器種も甕や鉢など実用的なものが多いのが特徴で、甕のなかには日常の煮炊きで付着した煤の痕がのこっているものもあり、土器が単なる交易品ではなかったことがわかる。発見された土器をみると、原の辻遺跡の一角に渡来人集団が定住し、形成段階から構成員の一員として集落運営に大きな影響を与えていたことが想定できる。

この時期の原の辻遺跡は丘陵先端部（高元地区）に集中する小規模集落であるが、墓域の変遷をみる

図22 ● 木製防具と武器
一支国は対馬国とともに国境の島として重要な地であったことから、有事に備えた武器や防具も数多く出土している。

かぎり拡張傾向にあることから、集落が少しずつ拡大していることがわかる。原の辻Ⅰ期は、かぎりある資源を有効に活用して道具を製作し、みずからの手で土地を開発し、集落としての条件を整えつつある形成段階の時期である。

ところで、前章で述べたように壱岐島内には縄文時代から継続して発展する遺跡がなく、弥生時代前期後葉段階になって突如として原の辻に集落が形成されていくのはなぜだろうか。

弥生時代前期末段階の時期は、西日本を中心に稲作農耕文化が定着し、いくつかの集団が集まりクニを形成し、なかには集落のまわりに濠を掘りめぐらせクニを守る環濠集落も出現する。また、身分の差も明確になり、クニのなかにはみずからをオウと名乗る者があらわれ、多くのタミを支配していく組織的社会が確立する。クニを治める者のなか

図23●朝鮮半島系無文土器
丘陵の北西部の低地を中心に出土した、朝鮮半島で製作された土器。煮炊きをした時の煤の痕跡もみられることから、集落内で実際に日用品として使用されていたことがわかる。

には最先端の文物や技術を入手するため、海をわたり権力を拡大する者まであらわれた時期である。このような時代背景のなかで、九州北部沿岸↓壱岐島↓対馬島↓朝鮮半島南部の海の路が整備され、多くの渡来人や倭人がこのルートを経由して海上を行き来していたことが想定される。当時の航海技術や造船技術を考えると、海をわたる行為がいかに命がけであったか想像でき、天候によっては長期にわたり壱岐島で足止めされる場合も想定されることから、島内に長期滞在が可能な拠点となる集落が必要となったことは自然の流れといえよう。

原の辻遺跡は、一〇〇ヘクタール以上の深江田原平野が広がり、島内各地から湧き出た水が集まり幡鉾川となって流れる場所にある。さらに幡鉾川を下流に二キロ向かうと内海湾に行き着き、そこから外海に出ることができる。このような立地的特徴をもつ深江田原平野は、集落を形成するうえで適した環境下にあり、長期にわたり滞在するための条件がそろう場所としてえらばれたのも納得できる。つまり、壱岐島が朝鮮半島へわたる海路の海上オアシスの一つとして重要視され、島内に拠点となる集落が必要になったことが、原の辻集落の誕生に大きな影響を与えたものと思われる。

②原の辻Ⅱ期〔弥生時代中期前葉〜中期中葉〕（図20②）

Ⅰ期に形成された丘陵先端部（高元地区）の居住域を中心に集落が丘陵最頂部（原地区）にも拡大し、周辺の別丘陵部にも小集団が居住域を構える傾向がみられる。丘陵を取りかこむように溝（環濠）が掘りめぐらされ、Ⅰ期にはなかった集落のエリアが明確になる。これにより、環濠内に居住域を構える集団とそうでない集団との住みわけが進み、後者の集団は周辺の丘陵に居住域を形成したものと考えられる。

環濠外に分散した集団の居住域は確認されていないが、環濠の北側を流れる幡鉾川の対岸の低地からは土坑群が集中して発見されており、土坑群のさらに東側の丘陵麓からは甕棺墓や石棺墓を並べて埋葬する墓域（閨繰《みやくり》地区）が存在する（図24）。ほかに西側にある別丘陵にも、甕棺墓で構成される墓域（鶴田地区）が存在する。どちらの墓域もI期には存在せず、II期になって間もない段階から埋葬がはじまっていることから、環濠が完成したころから集落内における集団の分散もしくは人口増加による居住域の住みわけがはじまっていたことがわかる。

I期に原地区A墓域から移行した大原地区の墓域がII期ではさらに拡張し、組織的かつ階層別に埋葬された墓が出現する。

図24● 環濠外に築かれた墓域（閨繰地区）
大原地区墓域と同時に形成された閨繰地区墓域。大原地区同様、甕棺墓と石棺墓が混在する列埋葬がみられる。

大原地区には対外交流によって入手した中国式銅剣やガラス製トンボ玉（図25）などの威信具を副葬する有力者が埋葬されているため、同時期に構成された閨繰地区や鶴田地区の墓域より、ワンランク上の有力者が埋葬された墓域だったことがわかる。

この時期に舌状丘陵部の北西側につくられた船着き場の築造には多くの渡来人が関わり、交易拠点としての礎がすでに構築されていたことを物語っている。

掘りめぐらされた環濠は、先述の通りせまく浅いのが特徴であるが、防衛機能を満たすとはいいがたい環濠が掘削された背景として、クニを守るという概念より、日常生活のなかで使用する機能性を重視して掘られたのではないかと推考することができる。また、環濠の一部が支流河川につなげられていることや、環濠の掘削と同時並行で船着き場がつくられている点をみると、ある程度計画的に設計、整備された集落配置がみえてくる。環濠は集落エリアを明確にする区画の役割以外に、生活空間の向上に直結する排水効率を高める側溝としての役割を兼ねていたことが想像できる。

このように、原の辻Ⅱ期は、多重の環濠や船着き場が整備さ

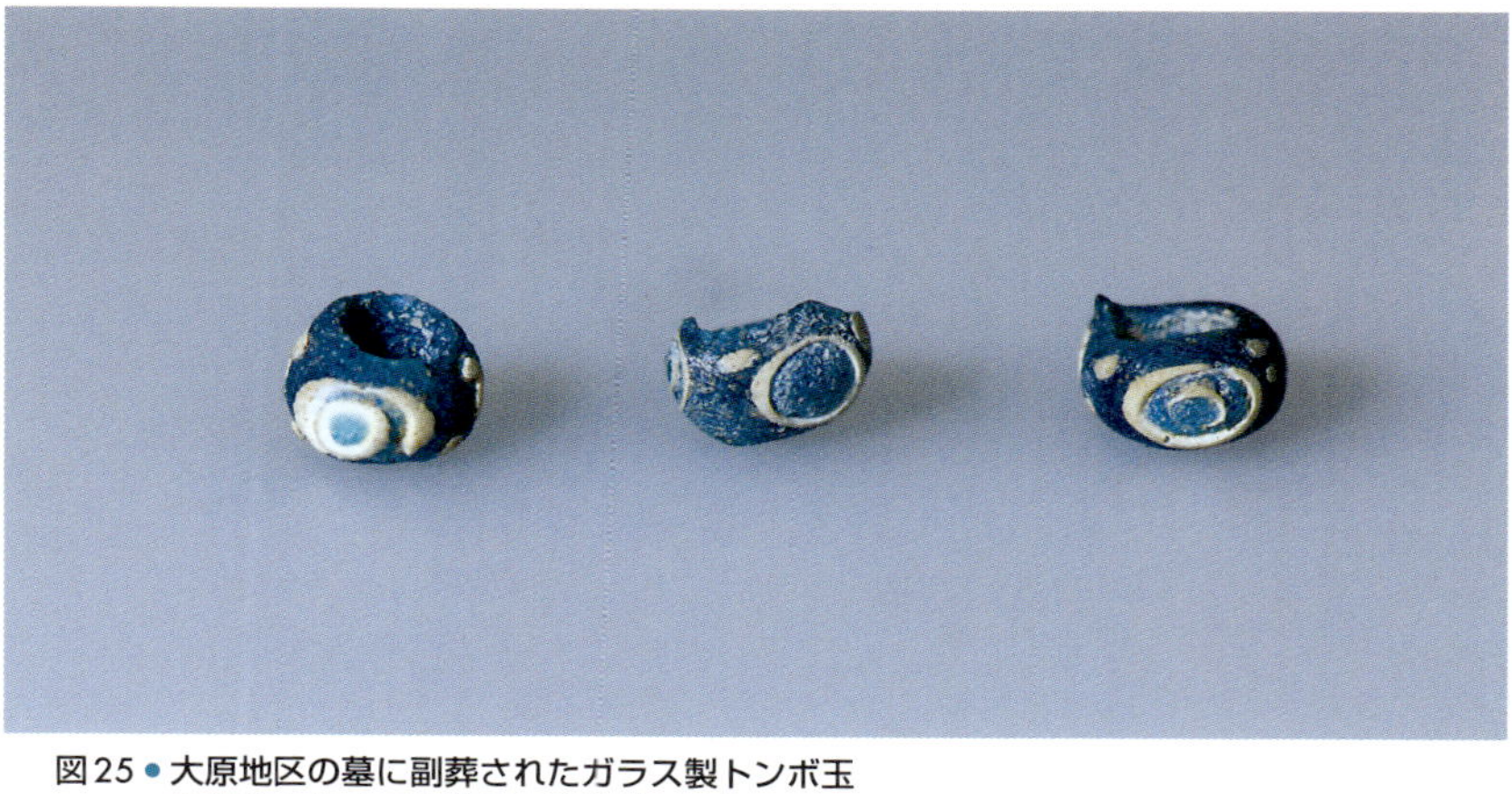

図25 ● 大原地区の墓に副葬されたガラス製トンボ玉
甕棺墓内出土の副葬品。甕棺墓は小児用であることから、若くして亡くなった子どもに対し、ガラス製のトンボ玉に想いをこめて一緒に副葬されたものと考えられる。

れ、環濠の完成と同時に集落内における集団の階層差によって居住域の住みわけが進む。そして環濠内に居住区を構える有力階層集団が対外交流の主導権を握り、クニを運営し支配を強化していく確立段階の時期である。

③原の辻Ⅲ期〔弥生時代中期後葉〜中期末〕（図20③）

Ⅲ期の原の辻集落は、Ⅱ期で確立した集落が盛行する時期である。集落の様相としてはⅡ期とほとんど変わらないものの、丘陵先端部（高元地区）に集中していた居住域が丘陵最頂部（原地区）全体に広がり、環濠外に分散していた居住区は解体する傾向がみられる。

環濠内の人口が増えたことで、高元地区と原地区のあいだにある自然の凹んだ谷地形に土器たまり遺構（土器捨て場）が形成される（図26）。また、Ⅱ期になって出現した墓域の閨繰地区や鶴田地区はⅢ期になるとあらたにつくられていないことから、居住域の環濠内への移動とともに墓域も大原地区に集約され、集落全体の拡張とともに南側の原地区B墓域、苣《ちしゃ》ノ木《き》地区などへと墓域が

図26 ● 自然地形を利用して形成された土器たまり遺構
大量の祭祀土器とともに廃棄された貝や動物の骨も出土する。祭祀の場で貝や動物もお供え物の食材として使用されていたことがわかる。

広がっていくことがわかる。

環濠内の居住域については、有力者層が原地区に、環濠外にいた小規模集団が高元地区に居住域を構えたものと思われる。Ⅰ期から存在する、環濠外に居住域を構えていた渡来系集団も倭系集団のなかに溶けこみ、構成員の一員として環濠内に移住し、集落運営に携わっていたものと考えられる。

Ⅰ期より築いてきた対外交流の経験が開花し、Ⅱ期以上に渡来人や倭人が行き来する環境になったことにくわえ、当時の中国大陸を統治していた前漢が鉄製品の輸出を解禁したことで、人の往来に拍車がかかったものと思われる。こうした対外交流の発展とともに、中国大陸や朝鮮半島から多くの交易品が原の辻に集まるようになり、一つの海上オアシスから本格的な対外交流の拠点へと集落が進化していったと考えられる。

交易の拠点となった原の辻には最先端の文物を

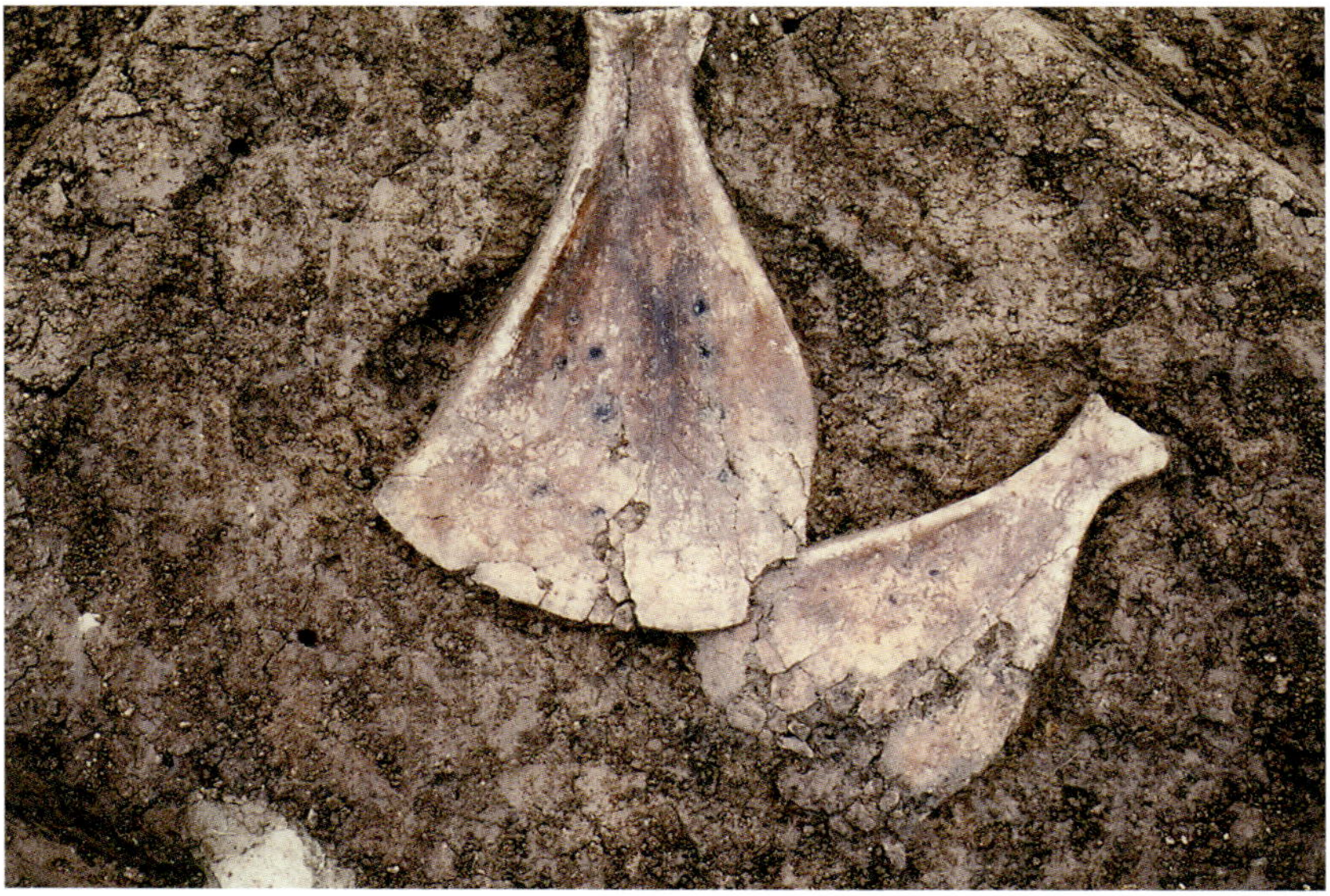

図27 ● 祭祀に使われた卜骨（ぼっこつ）
原の辻遺跡には中国大陸や朝鮮半島から交易品だけでなく、文化も伝わっていたことがわかる貴重な事例。「魏志」倭人伝にも「灼骨而卜以占吉凶」と卜骨のことが記されている。

求めて集まってきた人が集中し、島内の人口が一気に増加したものとみられる。原の辻の集落内に居住区を構えることができなかった新規参入の集団は、後述する幡鉾川の上流部に形成された車出《くるまで》遺跡群、さらには島の北西部の山地頂上に形成されたカラカミ遺跡を目指したと考えられる。これらの二つの遺跡は、II期段階から集落としての動きはあるものの、III期になり一気に集落が拡大する傾向がみられることから、この時期は対外交流の発展とともに原の辻に一極集中していた島内の動きが、島全体へと広がっていく画期になったととらえることができる。

また、III期の特徴として、集落内において祭祀行為が積極的におこなわれていたことを示す遺構や遺物が数多く発見されている（**図27**）。低地ではII期で完成した船着き場を使用し、積極的に対外交流がおこなわれ、周辺ではバザールが開催されていたようすが想像される。船着き場周辺の環濠や土坑に廃棄された遺物のなかには、交易によって入手した弩《ど》に用いる青銅製三翼鏃や五銖銭（**図28**）などもふくまれている。

丘陵上の土器たまり遺構からは、日常生活で不要になった土器をはじめ、割れて使用できなくなった石製品、動物の骨や貝

図28 ● 船着き場の東側につくられた濠や土坑内から出土した五銖銭（左）**と三翼鏃**（右）
中国大陸では実用品として使用されていた五銖銭や三翼鏃であるが、一支国内には珍しい珍品や青銅製品の原材料として持ちこまれ、取り引きされた。

図29 ● さまざまな形の丹塗り土器
日常的に使用する土器とは異なり、赤色に塗った祭祀用の特別な土器。双注口土器や筒形器台など特殊な形状の土器も発見されている。

殻などの自然遺物が発見されているが、土器のなかには祭器として使用された丹塗り土器も廃棄されている（図29）。丹塗り土器はおもに集落のまわりに掘られた環濠や土器たまり遺構から発見されており、福岡地域や糸島地域で発見されるものと同系統のものが多い。このことから、クニ同士の組織的な対外交流が確立していく段階で、Ⅱ期から力をつけてきた原の辻の有力階層集団だけでなく、のちに九州北部の大国となる奴国（福岡地域）や伊都国（糸島地域）といったクニを治める前段の有力者たちもくわわって国内における対外交流の主導権を握り、優位に交易を推し進めていた可能性がみえてくる。

このように、原の辻Ⅲ期はめまぐるしく変化する東アジア情勢のなかで、原の辻集落が中国大陸や朝鮮半島との交流を通じて交易の主導権を握り、対外交流の拠点へと成長し、盛行していく時期である。

④原の辻Ⅳ期〔弥生時代後期初頭〜後期前葉〕

盛行をきわめたⅢ期から一転して、紀元前後を境にⅡ期に築造された船着き場が解体され、居住域がある丘陵部を取りかこむ多重の環濠も埋没してしまう。

前述したように、船着き場がほぼそのままの状態を保ったまま埋まっていることや、船着き場を覆うように灰白色の粘質土層が堆積していることをみると、船着き場をふくむ低地部分が水害によって短期間で埋まったことが想定される。集落にとって最大の農耕地だった低地を自然災害で失ったことで、原の辻の人びとは集落での日常生活がむずかしくなり、生活拠点を一時的に移動せざるを得ない状況にせまられたのであろう。

このように災害によってⅣ期では島内における人の移住が盛んにおこなわれたことが推測されるが、原の辻の集団が一時的な移住先としてえらんだのが、幡鉾川の上流にある車出遺跡群だったと考えられる。この遺跡群は、原の辻遺跡からは直線距離にして五キロの関係にあり、二つの集落を往来するには幡鉾川の沿岸を通る陸行が便利である。ほとんど高低差がないことにくわえ、道標となる幡鉾川があることから、比較的容易に行き来できる。

車出遺跡群は原の辻Ⅱ期に形成され、原の辻Ⅲ期になると島内の人口増加にともない集落が拡大していたが、原の辻集落が一時後退するⅣ期になってもさらに集落が拡張傾向にあることから、原の辻集落からの人の流入があった可能性は高い。

原の辻集落では低地が埋没し、丘陵部からもこの時期の居住域は確認されていない。しかし墓域はⅢ

図30●環濠と支流の合流部につくられた石組護岸遺構
河川を流れる水によって護岸が崩落しないように石積みがほどこされている。船着き場の石積みと同じ技法が採用されているのが特徴。

期まで集落の中心墓域だった大原地区にかわり大川地区、原地区B墓域、苣ノ木地区が継続して使用されていることが確認されている。発見された甕棺墓や石棺墓から集落が継続して存続していることは想定されるものの、集落の拠点が丘陵の先端部から一時的に同丘陵の奥地にある原の久保地区、もしくは深江田原平野内の別の丘陵に移ったものと考えられる。

その後、低地では環濠の再掘削がはじまる。幡鉾川の支流が流れこむ場所にはあらたに石組護岸をつくり（**図30**）、河川の側面が崩落しないような工夫と強化がほどこされる。石組護岸遺構は船着き場とは用途がちがうものの、船着き場の突堤に用いられた技術が応用されていることから、継承された技術が集落の再興に活かされていることがわかる。

また、Ⅲ期では丘陵上で執りおこなわれていた祭祀行為も、Ⅳ期では低地の水辺に移ったようである。交易によって入手した青銅製車馬具や銅銭（貨泉）

図31 ● 環濠内につくられた土手状区画溝
濠内のいたる所に設置された土手状の遺構。これがダムの役割を果たし、一定量貯水できる構造となっている。図30の石組護岸遺構と同じく、流れる水をコントロールする意図があったと考えられる。

も祭器として用い、河川に投げこんでいることをみても、水を強く意識した祭祀行為であったことが想定される。ほかにも河川や環濠につながる区画溝が張りめぐらされ、低地の環濠はより複雑化し、濠内に土手状の構造物を設けたり（図31）、床面にゆるやかな傾斜を設けて意図的に水の流れを調整する機能があらたに追加される。

このように、原の辻Ⅳ期は、紀元前後に起きた自然災害によって一時後退した集落を再興し、のちにふたたび集落が盛行するⅤ期の礎を築いていく時期である。

⑤原の辻Ⅴ期〔弥生時代後期中葉〜後期後葉〕（図20④）

Ⅳ期で一時衰退した原の辻集落も、時間の経過とともに再興し、丘陵の先端部に生活拠点がもどる。集落の規模もかつて集落が盛行したⅢ期よりもさらに拡張し、より計画的に配置され、多重の環濠をもつ集落の姿を取りもどす。

集落構造における大きなちがいは、Ⅲ期では丘陵最頂部の原地区が居住空間だったのに対し、Ⅴ期になると祭儀場がつくられ、祭祀空間として利用されている点が挙げられる。また、Ⅳ期に引きつづき低地では水辺祭祀がおこなわれ、龍線刻絵画土器などが用いられた。

墓域は、大川地区から原の久保地区へと拡張していく。原の久保地区の甕棺墓や石棺墓に埋葬された被葬者は、青銅鏡などの威信具を副葬していることから、同時期に構成されたほかの墓域よりも身分の高い集団が埋葬された墓域だったとみることができる（図32）。原の久保地区の墓域は列埋葬されているのに対し、大川地区の墓域はグループのまとまりごとに埋葬されるなど（図33）、埋葬形態にちがいがみられる。規則的に配置された原の久保地区の墓域からは社会的もしくは組織的な関係性が、数基単位で構成されたグループ埋葬の大川地区の墓域からは、家族的もしくは血縁的な関係性を強く感じられる。また、各墓坑内に被葬者とともに副葬品を埋納する原の久保地区に対し、墓域の中央につくられた祭祀土坑に祭器を一括して埋納する大川地区とではちがいがみられる。このようなちがいをみると、墓域によって身分による

図32 ● 原の久保地区墓域の副葬品（上）とその墓（下）
石棺墓内に青銅鏡が副葬されていた。原の久保地区は、副葬品をともなうのが特徴。

分葬もしくは集団による別葬があったことが考えられる。

Ｖ期は「魏志」倭人伝の時期に相当し、そこに記された一支国の情報はまさにこの時期の集落の様相を記したものである。墓域は大川地区と原の久保地区などで確認されているが、王墓を示すような墓坑は確認されていない。

原の辻遺跡でこれまでに王墓が確認されていない理由として、交易で栄えた集落であり、交易を束ねるオサが役職的な存在として一支国王を名乗りその役割を果たしていたため、絶対的なオウは存在していなかったか、もしくは現在宅地となっている原の久保地区の住居の下に今も眠り続けているかのどちらかが考えられる。

「魏志」倭人伝には、卑奴と卑奴母離の役職が一支国に滞在しているとの記載があるため、事実上、彼らの監視下にあったことが想定される。また、伊都国には一大率《いちだいそつ》という機関が置かれ、周辺国を監

図33 ● 大川地区墓域から出土した甕棺墓
壺棺（下甕）と甕棺（上甕）で構成された有力者の墓。大川地区は、墓域の中央につくられた祭祀土坑にまとめて祭器を廃棄しているのが特徴。

視していたことが記されており、交易の拠点だった一支国もその対象だったと思われる。「魏志」倭人伝には一支国のことを「一大国」と記載してあり（第一章九頁参照）、のちの文献から見て一支国の誤記載といわれている。しかし、一大率の統治下にあって繁栄したため「一大国」と記載したとしても不思議ではない。

以上のように、原の辻Ｖ期は再興によってふたたび交易の拠点として栄え、対外交流が盛んになるなかで一支国の王都へと発展を遂げる時期である。

⑥原の辻Ⅵ期〔弥生時代後期末〜古墳時代初頭〕

Ｖ期の終わりごろから、集落を取りかこむ環濠の一部が埋まりはじめ、古墳時代の幕が開けると同時に人口が減少し、集落の解体が進む。祭儀場があった原地区には方形の竪穴住居があらたにつくられていることから（図34）、この時点で祭祀空間としての機能は失われていたことがわかる。居住域は原地区の東側斜面に集中しているが、この時期の墓域は確認されていない。

第四章でくわしく述べるが、この時期に壱岐島は倭と朝鮮半島をむすぶネットワークや海路から外れてしまったことが集落の終焉の理由として考えられる。

海の路が変更されたことにより、一支国は交易の拠点から通過点に移行した。一支国に住んでいた多くの人びとがあらたな交易拠点へと活動の場を求めて島外に移住していったことが、原の辻集落の人口減少の要因とみられる。島内の人の動きは原の辻遺跡の集落解体と連動しており、車出遺跡群やカラカミ遺跡もこの時期に集落が解体され終焉をむかえることから、一支国全体の動きととらえることができる。

なお、集落が解体されたのちも壱岐島にのこる集団は存在したと思われるが、これまで島内での調査において前期古墳は一基も発見されていないのが現状である。島内でもっとも古い古墳は、深江田原平野を見下ろす山頂に築造された大塚山古墳であるが、その時期は五世紀中ごろ（古墳時代中期）のものであり、原の辻集落が終焉してから約一〇〇年の月日がすぎている。島内のほとんどの古墳は六世紀後半から七世紀前半（古墳時代後期〜末期）に築造されている歴史から、この時期にふたたび壱岐島が注目され、東アジアのクニグニとの交渉をおこなう拠点として重要な役割を果たす時期が訪れたようである。

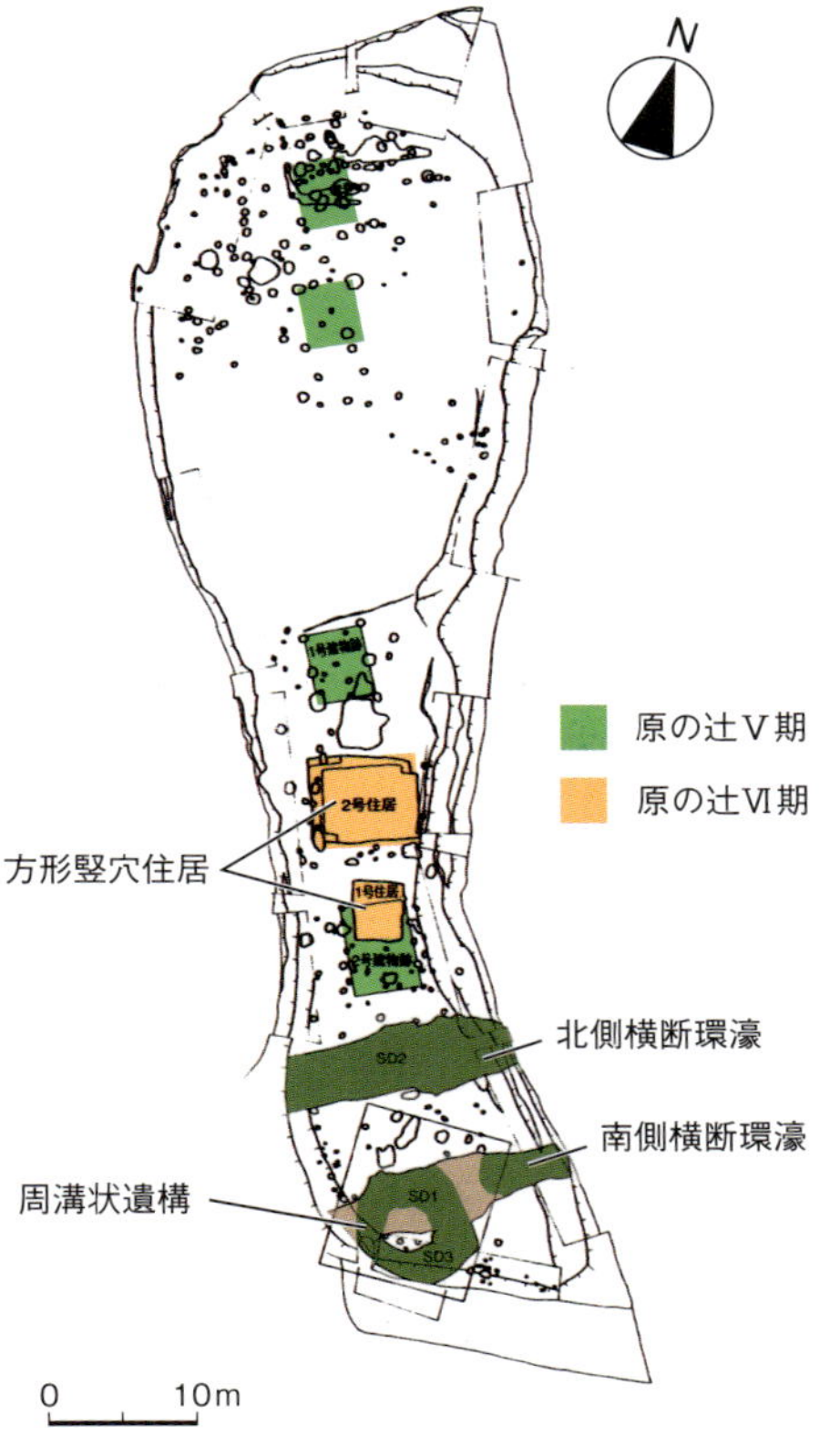

図34 ● 祭儀場の上につくられた方形竪穴住居
Ⅵ期になると、祭儀建物群がなくなり、その上に方形の竪穴住居がつくられている。北側横断環濠と周溝状遺構も埋まり、南側の横断環濠1条だけがのこる。

第３章　一支国を構成する弥生集落

壱岐島の弥生集落遺跡としては、海上王都として栄えた原の辻遺跡が有名であるが、島内には、車出遺跡群やカラカミ遺跡といった環濠をもつ別の拠点集落が存在する。現在、壱岐市教育委員会では、一支国弥生集落の実態解明に向けた発掘調査を続けており、これまで未調査のため解明されていなかった両遺跡の集落実態が少しずつみえはじめている。ここでは、これまでの調査成果をふまえ、あらたな一支国の世界を紹介する。

1　車出遺跡群――独自の文化を築く集団

車出遺跡群がある場所は、以前は車出遺跡、大谷《おおや》遺跡、戸田遺跡、鉢形《はちがた》遺跡、田《た》ノ上《かみ》遺跡として登録されていたが、遺跡範囲の確認調査や試掘調査を実施した結果、ほぼ同時期の遺跡と判明した。このため、現在はひとつの集落遺跡としてあつかい、遺跡群内を車出地区、大谷地区、戸田地区、鉢形地区、田ノ上地区の五地区にわけ（図35）、遺跡の総称として「車出遺跡群」を用いている。

車出遺跡群は、原の辻遺跡を流れる幡鉾川を上流にむかうこと西に約五キロの場所に位置している。遺跡は盆地の中心にある標高一〇～二〇メートル前後の小規模な平野部に広がっており、山を越えて西に約一・五キロむかうと半城《はんせい》湾にたどりつく。当時の自然環境を考えると、

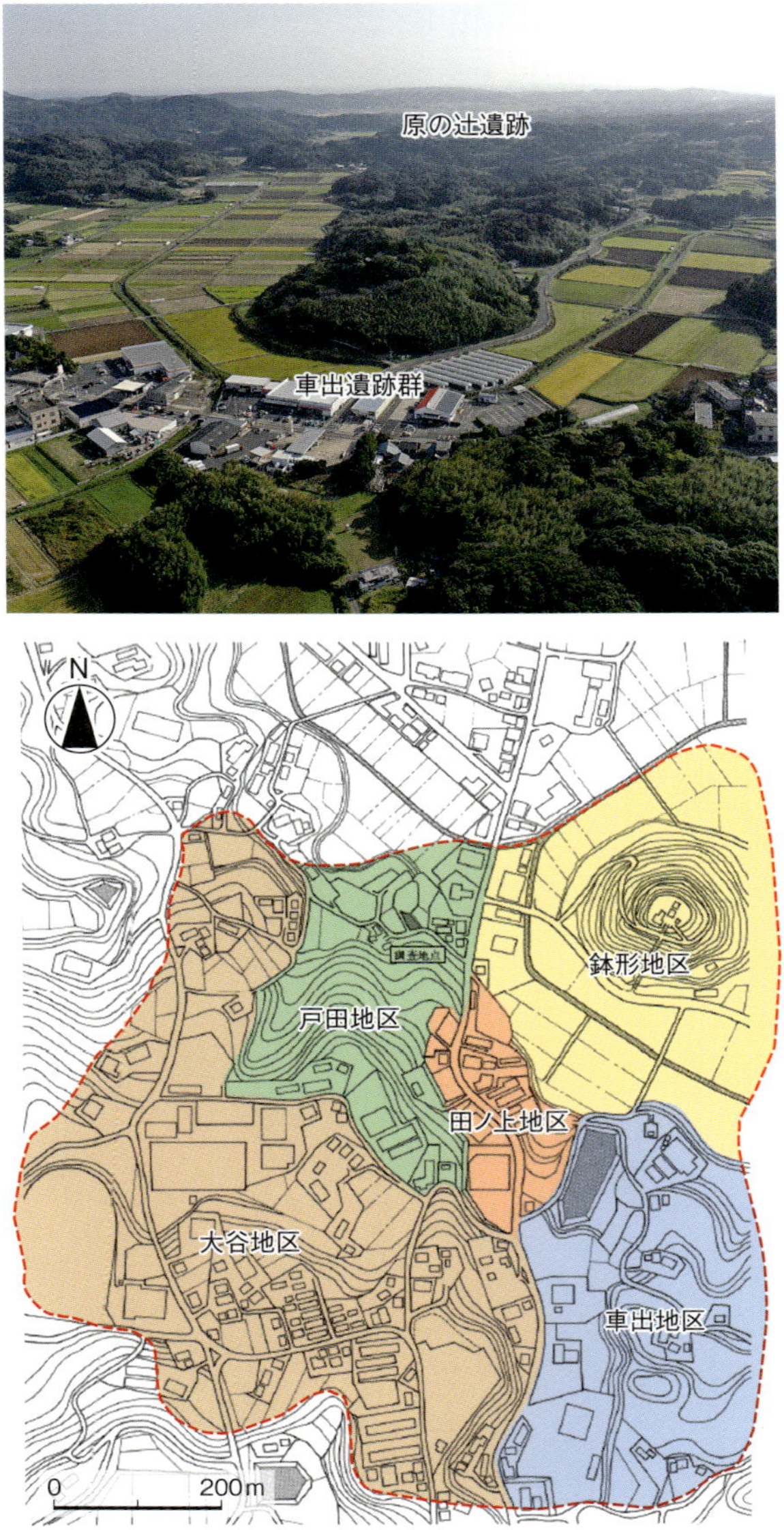

図35 ● 車出遺跡群
5つの地区で構成された車出遺跡群。盆地状になった地形に集落が点在しているのが特徴。原の辻遺跡を流れる幡鉾川の源流があり、小規模ながら農耕に適した平野も存在する。

原の辻遺跡までは、幡鉾川の川岸を通って陸行ルートで移動するか、もしくは半城湾を起点として内海湾にむかう水行ルートが想定される。

祭祀用の土器が大量に出土

平成におこなわれた遺跡範囲確認調査や試掘調査、そして二〇二二年から壱岐市教育委員会が実施している一支国弥生集落実態解明調査において、遺物の出土点数は一五万点を超えており、遺跡の規模の大きさをうかがい知ることができる。車出遺跡群からは祭祀で使用される丹塗り土器（**図36**）の出土が多く、なかでも丹塗り袋《ふくろ》状《じょう》口縁《こうえん》壺《つぼ》（**図37**）は五〇個体以上発見されているのが集落の特徴といえる。

丹塗り袋状口縁壺は、弥生時代中期後葉から中期末にかけて北部九州を中心に発見されており、前漢でつくられて

図36 ● 丹塗り双注口脚付壺（田ノ上地区出土）
原の辻遺跡、吉武高木遺跡（福岡市）に続く国内３例目となる双注口脚付壺。壺のなかに入れた液体を２つの注口から注ぎだす仕組みとなっている。

いた蒜頭壺《さんとうこ》（**図47参照**）に似た形状の土器である。朝鮮半島の慶尚南道《キョンサンナムト》金海《キメ》市にある池内洞《チネドン》甕棺墓や、慶尚南道泗《サ》川《チョン》市にある勒島《ヌクト》遺跡でも発見されている。丹塗り袋状口縁壺が献上品として扱われていた倭からの交易品の一つと考えられており、車出遺跡群が古代日韓交流の架け橋となっていた可能性が高い。

壱岐島内では、車出遺跡群以外に原の辻遺跡やカラカミ遺跡でも一定量の丹塗り袋状口縁壺が発見されているが、一地点の調査で一個体が出土するかしないかのめずらしい土器として扱われており、原の辻遺跡では東亜考古学会の発掘調査から現在にいたるまで約七〇年の月日をかけて集めた丹塗り袋状口縁壺は、五〇個体程度にすぎなかった。そのような壺が車出遺跡群の一地点、一回の調査で五〇個体以上確認されたことは、これまでの壱岐の弥生時代の歴史を大きく塗り替える成果となっている。以前は伊都国があった糸島地域の遺跡で多く発見されていたことから、伊都国がその生産地として周知されてきたが、今回の発見で、出土点数では一支国の方が上回るかた

図37 ● 丹塗り袋状口縁壺（田ノ上地区出土）
北部九州を中心に発見される珍しい形が特徴の丹塗り土器。前漢でつくられた青銅製の蒜頭壺に起源をもつと考えられている。

ちとなり、丹塗り袋状口縁壺の調査研究に一石を投じることとなった。

また、弥生時代後期初頭から後期中葉にかけての土器がまとまって出土しており（図38）、原の辻遺跡であまり出土していない原の辻Ⅳ期の資料が豊富にそろう。まだこの時期を示す居住域の発見にはいたっていないが、出土遺物の多さが人の多さを物語っており、弥生時代中期末から後期後葉にかけて、一大拠点を築いていたことが想定される。

集落の規模や様相については、引き続き実態解明調査を続けていく必要があるが、これまでに発見されている出土遺物から、弥生時代中期（原の辻Ⅲ期段階）に集落が形成され、弥生時代後期（原の辻Ⅳ～Ⅴ期段階）にかけて栄え、古墳時代初頭まで集落が継続していたものと考えられている。

図38 ● 大量に出土する土器片（田ノ上地区出土）
自然地形のくぼみを活かした落ちこみ状遺構に廃棄されている。日常の土器とともに祭祀で使用された土器がこの場所に継続的に廃棄されていたものと考えられる。

壱岐島内でしか流通しない石製品

車出遺跡群からは、クド石とよばれる石製支脚《しきゃく》が大量に発見されている（図39）。壱岐島内でも突出した出土量をほこり、原の辻遺跡やカラカミ遺跡ではあまり発見されていない石製品である。さらに島外で流通していないことから、弥生時代後期の車出遺跡群を中心に、壱岐島内で流行した壱岐独特の石加工文化だったといえる。

クド石とは、煮炊きする時に用いられる石製支脚で、三つ一組で使用し、正三角形状に配置した支脚のうえに甕をのせ、煮炊きをおこなう調理具である。壱岐島では、煮炊きをする竈《かまど》を「クド」とよび、竈に宿る神さまを「おクドさま」として信仰していた歴史がある。当時、類例もない石製品が出土したことで、「クド石」と命名され、現在もその愛称でよばれている。

クド石にはさまざまなシーンで使用できるように把手《とって》がつくられており、もち運びがしやす

図39 ● 車出遺跡群出土のクド石（石製支脚）
原の辻遺跡、車出遺跡群、カラカミ遺跡で三者三様の特徴がみられるが、車出遺跡群からは200個体以上のクド石が発見されていることから、積極的に工人がクド石を製作していたことがわかる。

いような工夫がされている。二通りの把手があり、削り出しで突起部をつくり出した凸状の把手付きクド石と、削りこみでくぼみをつくった凹状の把手付きクド石があり、さらに把手をもたない無把手のクド石の三種類に分類される。車出遺跡群から発見されるクド石はていねいに面取りされ、凸状の把手がつくり出されているのが特徴である。出土点数も現時点で一五〇点を超えており、集落内に専門の石工職人が存在し、積極的にクド石を製作していたものと考えられる。クド石は、原の辻遺跡からも発見されているが、ほとんどがわずかな加工で把手をもたない烏帽子形のものである。カラカミ遺跡でも一定量が出土しているが、クド石よりもクド石の形を模したクド石形土製品（土製支脚）の数が上回っているなど、三者三様の特徴をもつ。

2　カラカミ遺跡——もう一つの交易拠点

カラカミ遺跡は、カラカミ地区、川久保地区、国柳地区の三地区から構成され、隣接する場所には小場《こば》遺跡がある。

遺跡は、島の北西部の標高八〇メートル前後の小高い丘陵上に位置する（図40）。原の辻遺跡や車出遺跡群が標高一〇メートル前後の平野部にあるのに対し、カラカミ遺跡は微高地に集落が形成されているのが特徴で、遺跡の麓を流れる刈田院《かりたいん》川を西に約二キロ下流にむかうと片苗湾《かたなえ》にたどりつく。当時の自然環境を考えると、原の辻遺跡や車出遺跡群とのあいだを陸行するのはむずかしく、片苗湾を起点として内海湾や半城湾にむかう水行ルートが想定される。

カラカミ遺跡の調査の歴史は古く、戦後間もない時期に東亜考古学会によって発掘調査がおこなわれ、貝殻をはじめとする大量の遺物の発見によって「カラカミ貝塚」として全国に遺跡の名が周知された。そののち、九州大学や旧勝本町教育委員会（現壱岐市教育委員会）によって調査が引きつがれ、二〇一一年から一〇年かけて、壱岐市教育委員会が一支国弥生集落実態解明調査を実施している。

国内初の地上式周堤付炉の発見

二〇一一年度から実施している本格的な発掘調査がおこなわれるまでは、発見された遺物から漁労を得意とする海人集団によって形成された対外交流をおこなう小規模なムラとして周知されていた。車出遺跡群同様、カラカミ遺跡も原の辻遺跡の衛星集落として存在していたと考えられてきた。

しかし二〇一三年の調査において、地下構造をもたず、地上に炉壁《ろへき》構造をもつ炉跡（地上式周堤付《しゅうていつき》

図40 ● カラカミ遺跡と原の辻遺跡・車出遺跡群の遠景
標高10m前後に集落がつくられた原の辻遺跡や車出遺跡群とは異なり、標高80m前後の小高い丘陵上に集落がつくられているのが特徴。農耕に適した平野はほとんどない。

図 41 ● 国内最古の地上式周堤付炉跡
地下に構造をもたず、地上につくられた台座の上に周堤（炉壁）をもつ鍛冶炉。国内に同様の形をした地上式周堤付炉は確認されておらず、朝鮮半島に起源をもつと考えられている。

図 42 ● 地上式周堤付炉の想像復元図
風をよける周堤が炉を取りかこみ、ふいごの羽口から風をなかに送りこみ、炉内の温度を上げていく構造。炉内の土が高温で焼けて硬化した痕跡がみられないことや、炉周辺から鉄滓（精錬する際に出る不純物）がほとんど出土していないことから、簡易的な鍛冶行為がおこなわれていたものと考えられている。

炉跡《ろあと》）が発見された（図41・42）。日本最古のものであり、また炉跡の周辺からは鉄鍛冶に関連する石製工具類や鉄素材なども発見された（図43）。

この発見により、鉄の加工を得意とする鍛冶専門集団が集落内に存在し、漁労生活を営みながら独自のルートで東アジアの国々と対外交流をおこなっていたことがわかってきた。

一〇年間の調査で確認された遺構や発見された遺物から考えると、地上式周堤付炉を用いた鉄鍛冶については、入手した鉄素材を加工し、完成形の鉄製品を製作するようなことはしていない。鉄素材を中国大陸や朝鮮半島から入手し、それを倭のクニグニに流通させる卸問屋的存在だったと思われる。

弥生時代中期以降、奴国をはじめとする倭の各地で鉄製品の製作をおこなう集団が頭角をあらわすなか、カラカミの集団は製品をつくる技術があっても、あえて「製品をつくらない」ことを選択したのであろう。なぜならば、鉄素材を入手しなければ鉄製品がつくれない当時の倭のクニグニに対しては、時間をかけて製品をつくらなくても、鉄素材だけで十分な交易品として取り引きできるからである。

それであれば鉄鍛冶など必要ないと思うかもしれないが、最先端の技術をもつカラカミの鍛冶専門集団は、鉄素材にあらたなエッセンスを加えることをしている。たとえば、入手した板状の鉄素材を叩きのばし、鎌や斧がつくりやすい状態に加工するなどである。需要に合った鉄素材に加工すること、ときにはオーダーを受けて製作をすることで、より交易品に付加価値をつけていたものとみられる。カラカミ遺跡における鍛冶炉と鍛冶関連遺物の発見は、集落にお

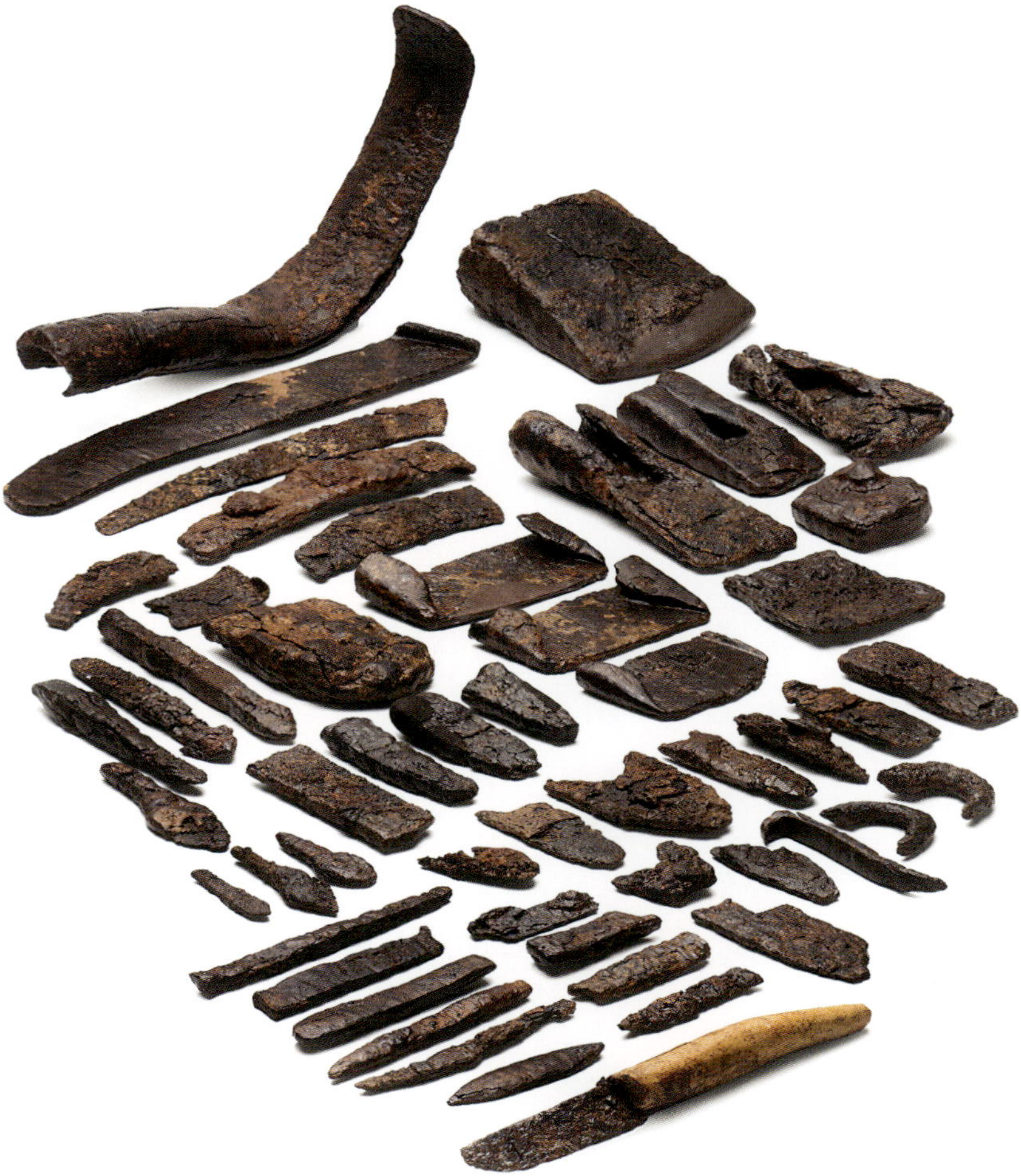

図 43 ● カラカミ遺跡出土の鉄素材と工具
カラカミ遺跡では、完成形の鉄製品は少なく、棒状や板状の鉄素材が数多く出土しているのが特徴である。出土した鉄資料のなかでも、30cm近いほぼ完形の鉄製タビ（図左上）は、朝鮮半島では使用されていたが倭では流通していない農耕具である。

ける鉄製品製作の解明だけでなく、国内における鉄製品生産の歴史をひも解くうえでも注目されている。

さらに調査が必要であるが、二つの素材を一つに合わせる鍛接《たんせつ》や、入手した鉄素材にふくまれる不純物（炭素成分）をとりのぞく脱炭《だったん》をおこなっていたとするならば、カラカミ遺跡の評価も大きく変わるであろう。

国内初のベンガラ焼成炉の発見

二〇一八年の発掘調査において、検出された焼土坑の隅から、国内初となるベンガラの焼成炉が発見された（**図44**）。

発見されたベンガラ焼成炉は、焼土坑の北西側隅丸部分につくられており、長軸方向七〇センチ、短軸方向六〇センチの円形に近い楕円形をなす。中心部分を精査すると、キューブ状の橙色の塊が遺構内に点在し、その塊の上に黒灰色の炭化物が覆いかぶさるような状態になっているのが確認されている。南東側には遺構内に風を取り入れる通風孔とみられる張り出しが設けられ、張り出しの奥側側壁には橙褐色の粉状の付着物が広がっている。

ベンガラの原料は、熊本の阿蘇山周辺で入手できる沼鉄鉱《しょうてっこう》（褐鉄鉱《かってっこう》）が有名であり、これを用いて製作されたベンガラが、北部九州を中心に広がった丹塗り土器文化を形成していると考えられてきた。しかし、これまで原料と製品はあったが、製作工程は解明されていなかった。

そのため、今回のベンガラ焼成炉の発見で、加工のやり方があらたに判明したことは丹塗り土器の研究において大きな成果といえる。

今後は、この地で製作されたベンガラが海をわたり、どのように流通していったかを研究することが重要である。阿蘇山周辺で入手できるベンガラと、カラカミ遺跡で製作したベンガラの違いがわかれば、北部九州で製作された丹塗り土器のちがいもわかり、それぞれの流通範囲や交易ネットワークの解明も期待される。

日本最古のイエネコの存在

カラカミ遺跡からは、このほかにも遺跡を特徴づける遺物が出土しており、とくにイエネコの骨は、歴史を塗りかえる貴重な発見として注目されている（図45）。

これまでイエネコの骨の最古の発見例は、神奈川県鎌倉市にある鎌倉時代（一三世紀代）の千《ち》葉《ば》地《ち》東《ひがし》遺跡で確認された事例があ

図44 ● ベンガラ焼成炉の出土状況
焼成時にはベンガラを３～５cm角のキューブ状に砕いて加熱しており、奥壁には、炉内に風を送りこんだ際に飛んだ粉末状のベンガラが付着している。

り、文献史料からイエネコの伝来は経典などの文物をネズミの害から防ぐため、八世紀代に遣唐使が大陸から連れてきたものと考えられてきた。そののち、兵庫県姫路市にある見《み》野《の》古墳群6号墳の発掘調査において、六世紀末〜七世紀初頭にかけて製作された須恵器にネコの足跡がついていたことから、古墳時代にネコが存在していた可能性までは考えられてきた。

しかし今回のカラカミ遺跡での発見で、これまで通説として考えられてきた時期から五〇〇年以上さかのぼる弥生時代に、イエネコがすでに存在していたことが証明されたのである。では、なぜカラカミ遺跡にイエネコが存在していたかという話になるが、カラカミ遺跡に住む弥生人がペットとしてネコを飼っていた可能性は低く、渡来人がネズミから穀物を守るために連れてきたと考えられる。

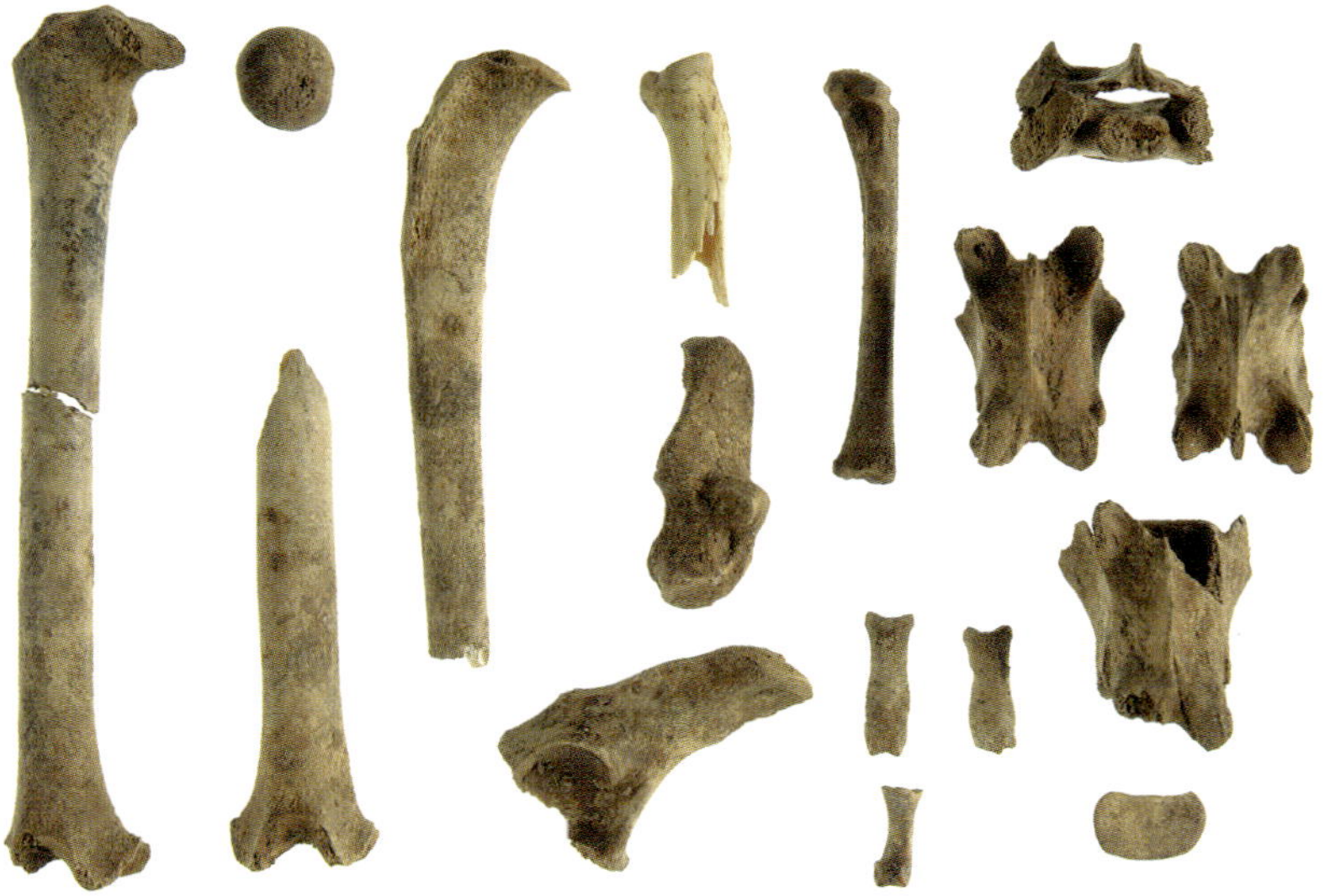

図45 ● カラカミ遺跡から出土したイエネコの骨
イエネコの骨が発見された大溝内からは1000点以上の動物の骨が出土しており、ネズミの骨も発見されていることから、ネズミ駆除のためにイエネコが連れてこられたと考えられている。

不思議なかたちの祭器

東アジアのクニグニとの交流ネットワークを示す資料のひとつとして、丹塗り瓢簞形《ひょうたんがた》土器がある（図46）。この土器は弥生時代中期後葉につくられ、出土事例は福岡平野にある元岡遺跡や那珂《なか》・比恵《ひえ》遺跡などから七例、原の辻遺跡で二例、カラカミ遺跡で二例の計一〇例程度と、希少な特殊土器である。肩部と胴部の中間にあけられた円形の窓孔《まどあな》は直径一〇センチ程度と、手を出し入れすることができる大きさで、窓孔の上位には直径二ミリにも満たない孔があけられており、窓孔に何らかの蓋が取りつけられていた可能性が推考できる。胴部から底部にかけては欠損しており、土器の内側の状況を確認することができないが、残存部位を見るかぎりでは煤などの付着物はなく、中で何かを燃やした痕跡はみられない。

独特の土器形状は、古来より種子が多く収穫できることから子孫繁栄や五穀豊穣などを祈願する時に用いられた瓢簞を連想させ、頭頂部に入れられた放射状の沈線は瓢簞が乾燥した時にできる筋を表現したようにも見えるため、「瓢簞形土器」と名づけられた。カラカミ遺跡から発見された図46の丹塗り瓢簞形

図46● 東アジアとの交流を物語る瓢簞形土器
国内で10例程度しかない特殊な丹塗り土器。窓孔から中のものを出し入れできるようになっている。写真は胴部〜底部を復元したもの。

土器は頭頂部に孔があけられていないが、原の辻遺跡や元岡遺跡から発見されたものには孔があけられているのが特徴である。

先述した古代中国の蒜頭壺は、銅製もしくは陶質製で大蒜《にんにく》の球根のような頭頂部の形状と細長くのびる頸部が特徴である（図47）。丹塗り瓢箪形土器の用途については不明な点が多いが、カラカミ遺跡では祭祀土坑から発見されており、中国大陸でつくられた蒜頭壺を倭で再現し、漢代の思想や文化を把握した人物が真似をして使用した特殊祭器だった可能性が考えられる。

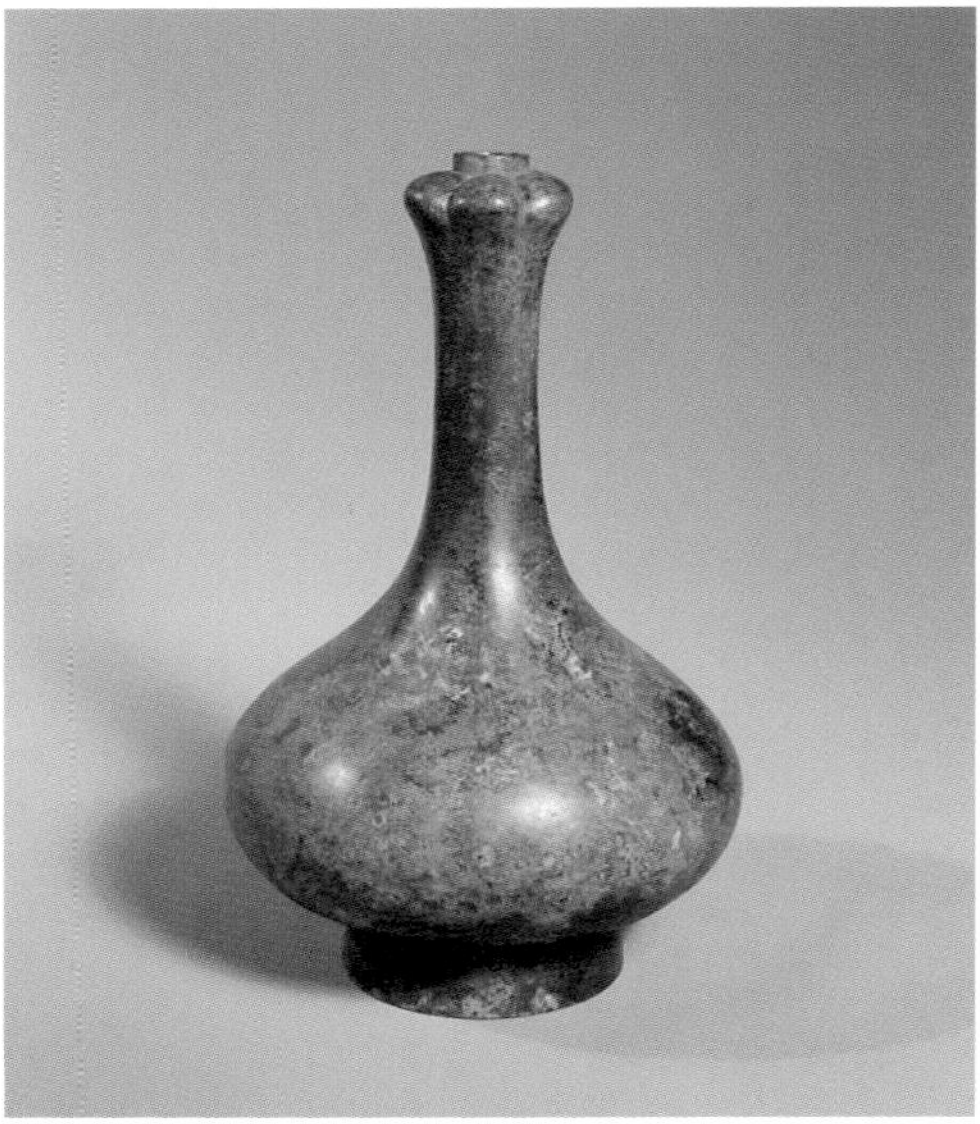

図47 ● 中国大陸でつくられた蒜頭壺
祝宴の場などで酒を入れて注ぎわける容器として使用されたものと考えられている。

調査成果からみえてきたカラカミ集落の様相

国内初となる地上式周堤付炉や日本最古のイエネコ、祭祀土坑から出土した丹塗り瓢箪形土器などは、中国大陸や朝鮮半島に由来するものが多く、集落内に多くの渡来人が滞在し、ものづくりに関わっていたことをうかがい知ることができる。また、カラカミ遺跡からは大量の外来系土器が発見されているが、三韓系土器が多い原の辻遺跡とは異なり、楽浪系の土器が多いのが特徴である。さらにはその先、中国の遼東半島付近からもたらされた「周」の文字が線刻された瓦質《がしつ》土器など、原の辻遺跡では発見されないような外来系土器も出土している（図48）。渡来人と倭人が集落内で融合し、渡来人主導のもと技術を習得した倭人が、その技術を活かし最先端のものづくりをおこなっていたことがわかる重要な遺跡として、カラカミ遺跡は原の辻遺跡にも引けを取らない魅力ある遺跡といえる。

図48 ● 楽浪系の瓦質土器（上）**と遼東系の瓦質土器**（下）
カラカミ遺跡からは朝鮮半島や中国大陸との交流を示す外来系土器が数多く出土している。楽浪系の割合が高く、遼東系の瓦質土器の鉢片には「周」の文字が線刻されているものがある。

第4章　「南北市糴」の交易網

1　東アジア情勢で変化した交易網

原の辻集落は、東アジアのクニグニに対する倭の玄関口として重要な役割を果たし、対外交流の拠点として存在した歴史をもつ（**図49**）。

原の辻Ⅱ期段階（弥生時代中期前葉〜中期中葉）になると、北部九州の有力者たちは壱岐島を拠点として積極的に対外交流をおこない、朝鮮半島にわたっていたことが出土する遺物の動きからみえてくる。この時期における朝鮮半島での交流相手として有力なのが、慶尚南道泗川市にある勒島を中心とした、南海岸に点在するクニグニだったと考えられる。

勒島遺跡からは弥生時代中期前葉段階の弥生土器や擬弥生系土器が発見されており、この時期には多くの倭人が壱岐島を通って勒島をおとずれ、高い技術力や最先端の文物を入手していたことがわかる。勒島遺跡から発見される土器の形状が北部九州で一般的に発見される弥生土器の形状とほぼ一致していることから、北部九州の有力者たちが中心となり「勒島交易ネットワーク」（図50）を確立し、交易によって入手した技術や最先端の文物を倭にもち帰り、北部九州を中心に流通させていたものと思われる。

勒島から原の辻へ移る交易拠点

原の辻Ⅲ期段階（弥生時代中期後葉～中期末）になると、朝鮮半島では北部を支配していた衛氏《えいし》朝鮮が紀元前一〇八年に滅亡し、前漢が楽浪郡、玄菟《げんと》郡、真番《しんばん》郡、臨屯《りんとん》郡の四郡を設置して半島支配を強化したことに加え、紀元前八二年には鉄製品の取り引きが解禁されたことなど、東アジア社会情勢に大きな変化がみられる。この段階になっても、原の辻Ⅱ期と同じく勒島が中心となり対外交易をおこなっていたが、徐々に勒島を通過し、楽浪郡を目指す倭人が多くなってきたことで、朝鮮半島での社会情勢が

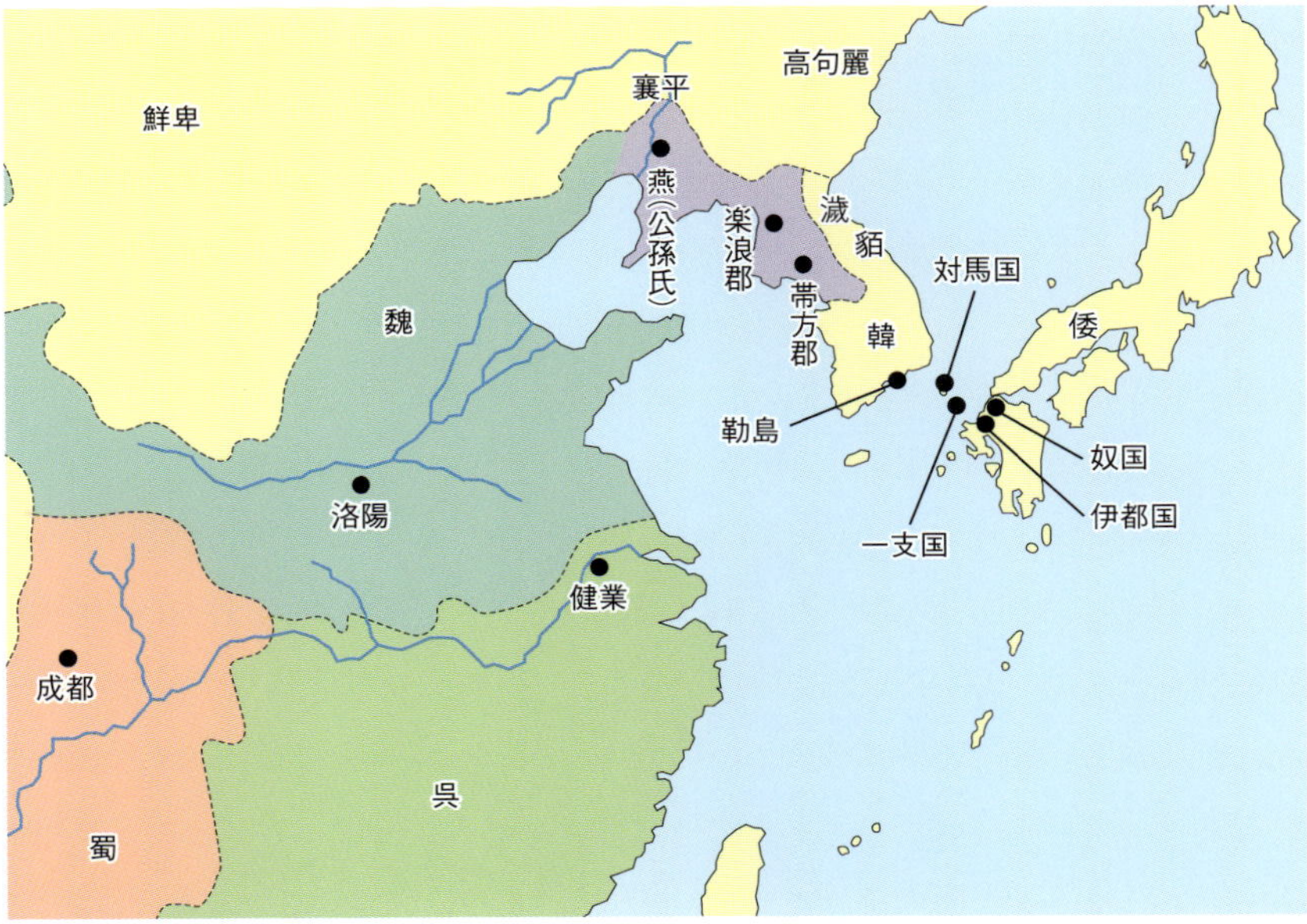

図49 ● 3世紀の東アジア
原の辻遺跡は、培ってきた経験と交易網を活かし、めまぐるしく変化する東アジア社会情勢を見きわめ、交易拠点として重要な役割を果たした。

大きく変化する。

『漢書』地理志には、倭から貢物をもって直接楽浪郡に謁見する者もいるという記載があることから、それまでの交易拠点だった勒島の存在が薄れ、朝鮮半島での主導権が楽浪郡へと移行しているのが文献史料からも読みとれる。

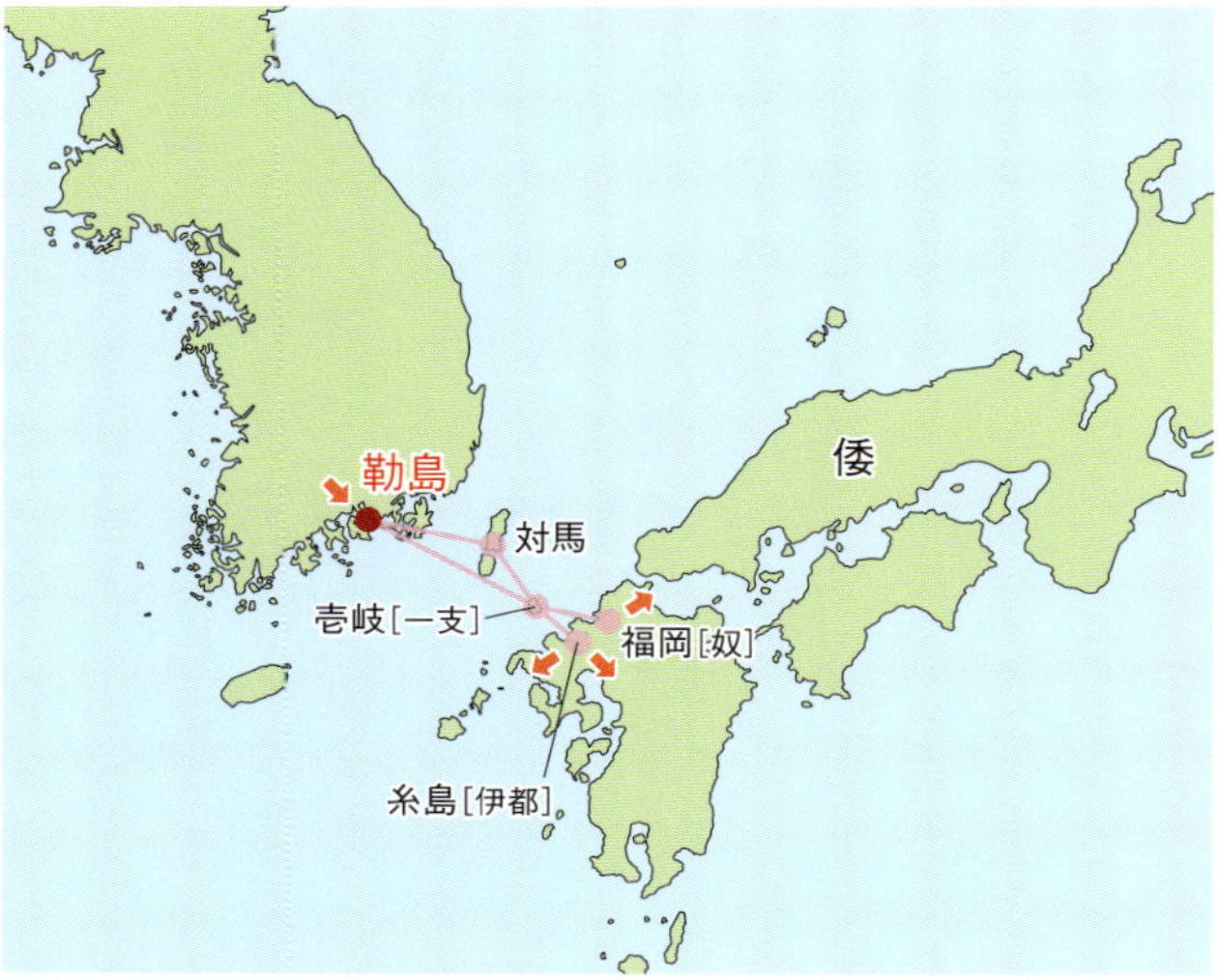

図50 ● 勒島交易ネットワーク
北部九州の有力者たちは壱岐、対馬を通過し、最先端の文物を求めて勒島の地を目指した。「クニ」と「クニ」の交流というより「個」と「個」の交流によってネットワークを構築しているのが特徴。

図51 ● 原の辻交易ネットワーク
楽浪郡の誕生を機に、勒島から楽浪郡へと目的地が変化していくことで勒島の存在が薄れていく。この段階になると交易が「クニ」と「クニ」の交流によってネットワークを構築しているのが特徴。

これらの社会情勢の変化により、勒島に代わる東アジア交易の拠点として注目されたのが、朝鮮半島にむかう倭の最前線に位置する壱岐島だった。交易拠点となった壱岐島には、交易をおこなう渡来人がおとずれ、最先端の文物を求めて海をわたった倭人が移住したものと思われる。実際、原の辻遺跡からは断面が三角形状の粘土帯を貼りつけた朝鮮系無文土器や、擬朝鮮系無文土器が多数発見されている。

一方で、北部九州だけでなく中部九州、南部九州、瀬戸内海沿岸の地域などの特徴をもつ土器が見つかっていることから、原の辻の交易ネットワークが西日本一帯に広がっていたことがわかる（**図51**）。なかでも口縁部の先端をつまんではねあげる遠賀川《おんがかわ》以東に特徴的な土器（**図52**）の流入がいちじるしく増えていることから、糸島地域や福岡平野の有力者たちにつづく第三の勢力として、遠賀川以東の有力者たちも壱岐島を経由して楽浪朝貢に参入していたことが推測される。

さらに、前漢の鉄製品の取り引きが解禁されたのを機に、倭における金属製品の流通量が増え、実用的に鉄製品を使用する集団や、集落内に青銅製品の生産工房を構え、みずから青銅製品を生産する集団もあらわれた。

このように、原の辻Ⅲ期段階において「勒島交易ネットワーク」に代わり「原の辻交易ネットワーク」が誕生し、最先端の文物が原の辻に集約され、そこから西日本一帯に交易品として流通する経済社会が確立したことがわかる。

原の辻Ⅳ期（弥生時代後期初頭～後期前葉）になると、『後漢書』倭伝に「倭の奴国」が後漢に朝貢して光武帝から「漢委奴国王《かんのわのなこくのおう》」の印を授かることや、倭国王師升《すいしょう》が生口《せいこう》一六〇人を献上し、謁見を願ったことが記されている。このことから、原の辻Ⅳ期には個と個の対外交易ではなく、クニとクニの交渉が執りおこなわれていたことがわかる。交易拠点として重要な役割を果たしてきた壱岐島は一支国としてまとまり、原の辻を核として島内各地に拠点となる集落が形成される。

また楽浪系瓦質土器の広がりをみると、壱岐島内だけではなく、伊都国のあった糸島地域にある遺跡でも数多く発見されており、楽浪渡来人が壱岐島を通り、伊都国をおとずれていた足取りがみえてくる。このことから、一支国と伊都国とのあいだに強いつながりがみえてくると同時に、伊都国もまた楽浪郡と緊密な関係を築いていたことが推考できる。

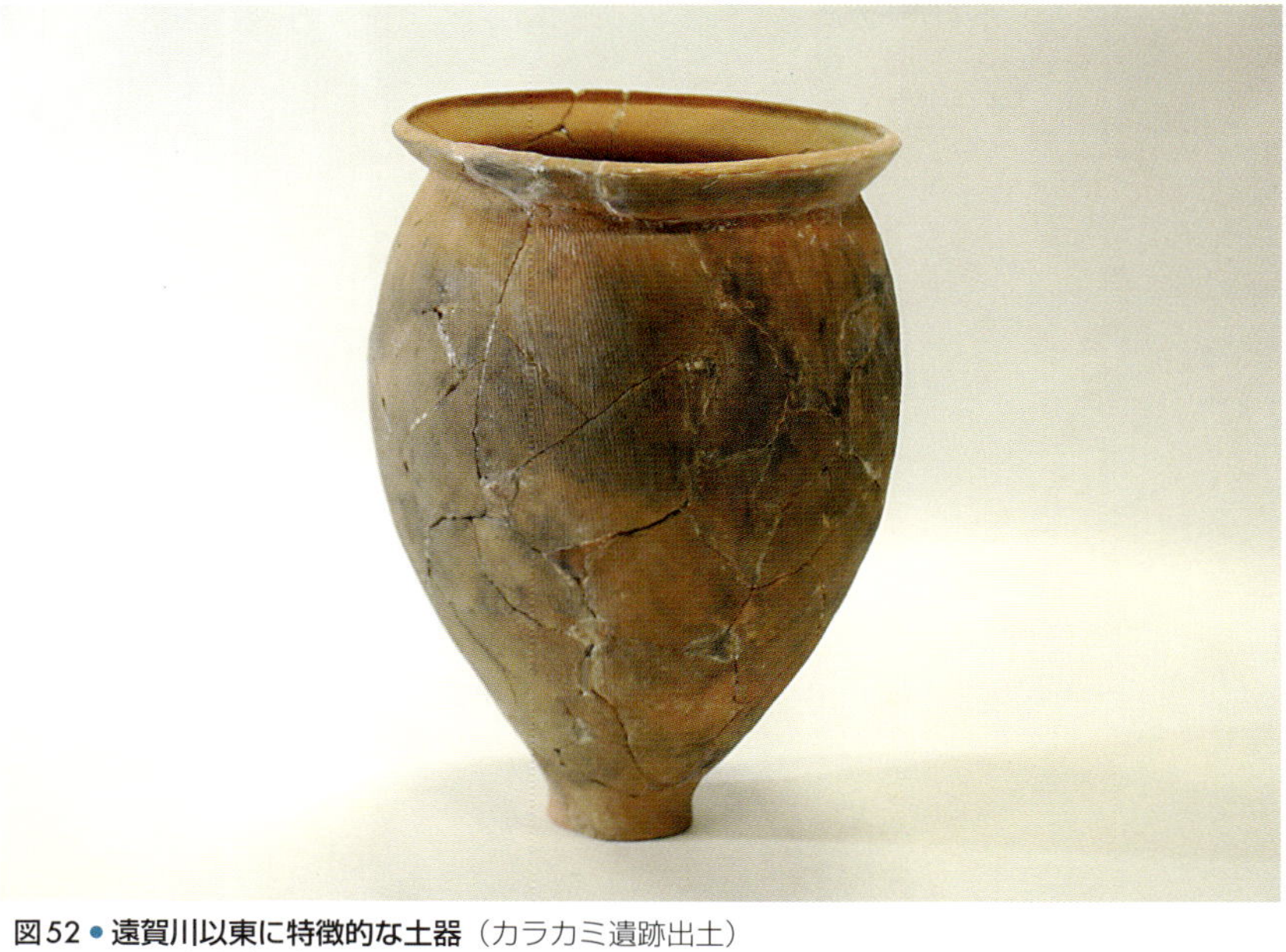

図52 ● 遠賀川以東に特徴的な土器（カラカミ遺跡出土）
原の辻遺跡の土器は伊都国の土器と似た胎土の特徴をもつことが確認されているが、カラカミ遺跡の土器は奴国さらには遠賀川以東のクニの土器と似た胎土の特徴をもつ。

伊都国の台頭と原の辻遺跡

原の辻Ⅴ期（弥生時代後期中葉～後期後葉）になると、Ⅳ期で構築された伊都国と楽浪郡との関係がさらに強化され、その結果伊都国は周囲のクニを圧倒するような一大勢力となっていく。この時期には、朝貢の目的地であった楽浪郡が朝鮮半島側の交易の拠点となっていた。

楽浪郡との友好関係を築いていた伊都国は、原の辻遺跡を国内側の中継拠点とした「楽浪交易ネットワーク」の主導権を握る。先述のように「魏志」倭人伝において、「一大率」が置かれ周囲のクニグニを監視し、また海外から送られてきた文書や賜物を検分して女王のもとに届けていたという記述があることからも、伊都国が重要な役割を果たしていたことがわかる。

このように、倭における対楽浪交渉の主導権を握っていた伊都国は、政権の中枢においても欠かすことができない存在であっただろう。同時に、伊都国は倭の盟主たる女王国からのミッションを遂行するため、対外交流の拠点として栄えた海上王都である原の辻を押さえておく

図53 ● **伊都国域で出土した丹塗り祭祀土器**（井原塚廻遺跡出土）
伊都国域で発見されている丹塗り祭祀土器と同じ形の丹塗り土器が原の辻遺跡からも出土している。土器の出土状況からも両地域の深い関係性がみえてくる。

必要があったことから、伊都国と原の辻の集団はさらに連携を強めていったものと考えられる（図53）。

2　一支国をめぐる各国の交易戦略

カラカミ遺跡が鍵となるもうひとつのネットワーク

原の辻Ｖ期段階において楽浪郡―一支国（原の辻遺跡）―伊都国―女王国ラインが確立し、国内において伊都国が「楽浪交易ネットワーク」を独占するなか、奴国をはじめとするほかのクニグニは別ルートによる「楽浪交易ネットワーク」を構築せざるを得ない状況下にあったものと思われる。

一支国は、原の辻遺跡、車出遺跡群、カラカミ遺跡の集落で構成された連合体で成り立っている。立地的環境を比較すると、原の辻遺跡と車出遺跡群は平野部に集落が形成されているのに対し、カラカミ遺跡は丘陵部に形成されている。また生活スタイルを比較すると、原の辻遺跡と車出遺跡群は農耕を主体とするのに対し、カラカミ遺跡は漁労を主体としている点などにちがいがみられる。

出土した遺物に関しても、器種や形状において、原の辻遺跡と車出遺跡群では共通点が多くみられるが、カラカミ遺跡はどちらとも共通しない独自の形状の弥生土器が多くみられるのが特徴である。現段階では、車出遺跡群は原の辻遺跡と共存関係にあり、カラカミ遺跡はお互いに連携しながらも、ある一定の距離感をもって独自の集落運営によって成り立っていたことが想定できる。

カラカミ遺跡の出土遺物をみると、漁労を営む海人集団が中心となり集落を構成した可能性が高いが、使用していた漁労具（図54）や収穫物に貝類が多いことから、浅海中心の漁労が主体であり、深海における漁労は積極的にはおこなっていなかったようだ。このことから、必ずしも漁労のみに特化した集団ではなかったことがわかる。

また、弥生時代において他地域で導入例がない地上式周堤付炉をもちいて、鉄素材に手を加えて交易品を製作していることや、中国大陸や朝鮮半島からもたらされた外来系土器も出土していることから、渡来人が集落形成や運営に大きな影響を与えたことが推考できる。カラカミ遺跡は、海人集団と渡来系集団が融合して集落を形成し、鉄鍛

図54 ● カラカミ遺跡出土の漁労具
カラカミ遺跡では鯨骨を使用した漁労具が数多く出土していることから、漁労を得意とする集団で集落を構成し、対外交流をおこなっていたと考えられてきた。

治という高度な技術をみがくことで、原の辻遺跡とは異なる一支国のもう一つのものづくり交易拠点として栄えたのではないだろうか。

　また、カラカミ遺跡で出土する外来系土器のなかで楽浪系の土器の出土割合が高いことをみても、原の辻集落―楽浪郡の政治的連携チャンネルとは別にカラカミ集落―楽浪郡の経済的連携チャンネルが確立していたことがうかがえる。つまり、もうひとつの「楽浪交易ネットワーク」が開設されたことで、伊都国以外の北部九州のクニグニは積極的にカラカミ集落と交流チャンネルを結んで交易をおこなったものと思われる（**図55**）。カラカミ集落が形成される弥生時代中期中葉以降において、遠賀川以東の特徴をもつ甕の出土量が突出している現状をみると、奴国や遠賀川以東の有力者が交流相手の候補となる。

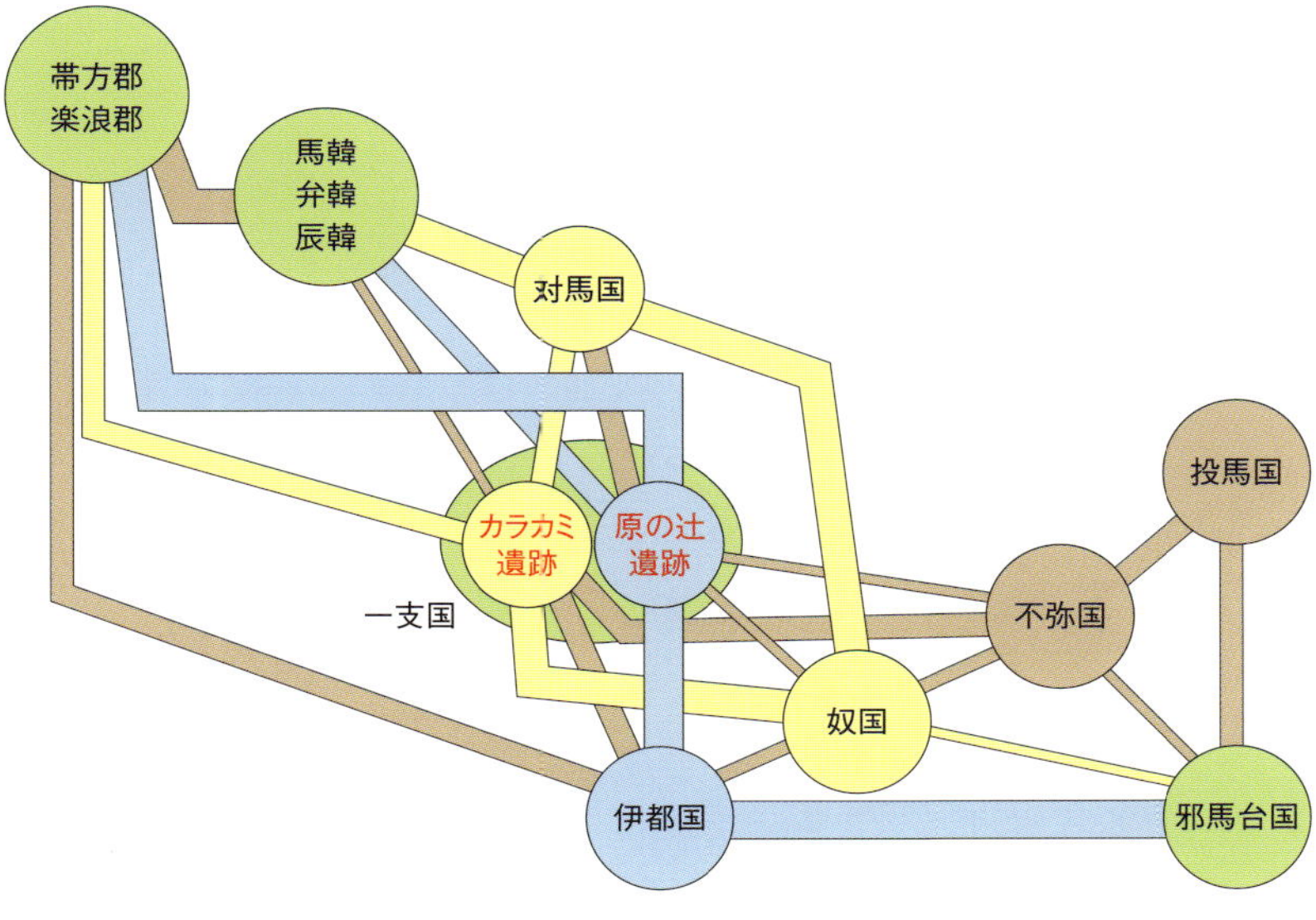

図55 ● 一支国を介した楽浪交易ネットワーク概略
政治的要素の強い連携チャンネル（青色ライン）と経済的要素の強い連携チャンネル（黄色ライン）が存在する。それぞれのクニが目的に合わせて連携先を選定し、楽浪郡までの交易ネットワークを構築している。

奴国の青銅製品生産とカラカミ遺跡

ところで奴国は、弥生時代中期段階からクニとしての頭角をあらわし、後期においては、光武帝が贈った印綬の「漢委奴国王」の称号が示すとおり、後漢王朝にも認められた、倭を代表するクニである。「魏志」倭人伝にも奴国に関する情報として「正官は兕馬觚《じまこ》といい、副官は卑奴母離《ひなもり》という。二万戸の家がある」と書き記されている。また、奴国は「弥生のテクノポリス」と評される青銅製品生産の一大拠点を有し、銅矛《どうほこ》をはじめ、銅戈《どうか》や銅剣などの武器形祭器の生産が充実している（図56）。

奴国で生産された銅矛の出土分布をみると、本土では福岡平野、国東《くにさき》半島、瀬戸内海沿岸の四国西部に集中してみられるが、もっとも多い本数の銅矛が確認されているのは対馬島である。壱岐島と対馬島で比較すると、壱岐島で三本の銅矛が出土しているのに対し、対馬島では一〇〇本以上の銅矛が発見されており、その差は歴然である。壱岐島では島の最

図56 ● 須玖遺跡群出土の青銅器鋳型
「弥生のテクノポリス」の名をもつ奴国。鋳型を使ってつくられたさまざまな武器形青銅製品は、交易の場で有効に用いられた。

北端に位置する天ヶ原《あまがはら》セジョウ神《がみ》遺跡で三本の銅矛が並べられた状態で埋納されている事例が確認されているが（図57）、対馬島では黒島遺跡や増田山遺跡で銅矛が並んで埋納されている事例に加え、これとは別に塔《とう》の首《くび》遺跡、クビル遺跡、ハロウ遺跡などでは石棺墓の墓坑内に銅矛が副葬品として納められている事例もみられる（図58）。

このような銅矛の分布状況から考えると、奴国にとって一支国はあくまで目的地までの通過点であり、交易の相手は対馬国の有力者だったことを意味しているのかもしれない。一支国と伊都国が連携を強め、楽浪郡との交易の覇権を強化するなかで、奴国は対馬国と連携し、中国大陸や朝鮮半島からもちこまれる交易品をいち早く入手しようと考えるのは自然の流れといえよう。奴国が対馬国に対し、銅矛を用いて仲間に取りこみ、さまざまな交易品を手に入れていたとするならば、銅矛を手にした対馬島の有力者は、奴国との連携の証として銅矛を所有し、最終的に副葬品として石棺墓内に納めたとも考えることができる。

図57 ● 天ヶ原セジョウ神遺跡出土の銅矛
壱岐島の最北端で3本が並べられて埋納された状態で発見された。対馬にむかう際、航海の安全を祈願して、最北の地に埋納したものと考えられている。

では、奴国は対馬国と連携し何を手に入れようとしていたのか、という疑問であるが、おそらく金属製品の原材料を求めていたのではないだろうか。そのことを裏づけるように、対馬国の遺跡からは青銅製品の破片や部品（用途不明製品）が数多く出土している。原材料を中国大陸や朝鮮半島に頼っていた弥生社会において、金属製品生産の一大拠点を有する奴国は、場所と技術があっても原材料は現地では調達できなかった。そのため、定期的かつ安定的に原材料を入手するための独自の交易ルートを確立する必要があったものと思われる。

一支国内では、原の辻集落で発見される鉄製品や青銅製品は完成形もしくは完成形に近い状態のものばかりであるが、一方でカラカミ集落で発見される鉄製品は棒状や板状の鉄素材や未完成の鉄鏃などが多く（図43参照）、完成品が少ないのが特徴である。さらに原の辻集落では金属製品を加工するような工房の存在は確認されていないため、完成された金属製品のみを入手していたと想定されるが、カラカミ集落ではさまざまな鉄素材

図58 ● 塔の首遺跡（対馬市）3号石棺墓
対馬国でも銅矛が埋納された状態で発見されているが、石棺墓に副葬品として納められた銅矛も数多く存在する。

を積極的に入手し、地上式周堤付炉を用いて再加工していた。

以上のような状況をまとめると、カラカミ集落の交易方針は、金属製品を生産するために必要な素材を入手することを交易目的とする奴国の考え方に近く、同じ一支国でありながら楽浪郡までの政治的交易チャンネルを構築していた原の辻集落とは距離を置き、楽浪郡までの経済的連携チャンネルを構築していた奴国と連携を深めていった可能性は大いに考えられる。

最先端の文物を求めていた伊都国は原の辻集落と政治的連携チャンネルを構築し、金属製品の原材料を求めていた奴国はカラカミ集落と経済的交易チャンネルを構築することで、それぞれの目的に合った一支国内の拠点集落と連携していた構図がみえてくるのである。

3　楽浪交易の終焉と一支国

原の辻VI期（弥生時代後期末〜古墳時代初頭）にあたる四世紀前半は、東アジアの社会情勢においても大きな画期がみられる。三一一年に高句麗が遼東半島へ侵攻して楽浪郡と帯方郡を孤立させ、三一三年に楽浪郡、翌年の三一四年に帯方郡をつぎつぎと滅ぼしている。中国大陸では魏、呉、蜀の三国が滅び、西晋が統一を果たすがその西晋も三一六年に滅び、三一八年に東晋へと引きつがれる。

また、倭において絶大な力をほこった邪馬台国も滅び、あらたにヤマト政権が誕生したことで、地域集団が集まった連合国レベルから中央統治機構を備えた国家へと移り、国家レベルでの対外交流へと進化を遂げる激動の時期である。

伊都国をはじめとした倭のクニグニにとっては、朝貢の目的地であった楽浪郡が滅び、魏に代わりあらたに晋が誕生したことで、伊都国が構築した楽浪郡との政治的連携チャンネルは消滅する。卑弥呼の後を継いだ倭の女王壹与《とよ》も晋へ使者を送り、あらたな政治的連携ネットワークを模索している。

それに対し、経済的な繋がりで大陸や半島とチャンネルを構築していた奴国は、時代が変わっても途切れることなく、交易がおこなわれていた。そこに目をつけたヤマト政権は、伊都国に代わり奴国を対外交流の拠点と位置づけ、奴国の西端の沿岸部にある西新町遺跡を核とする「西新町《にしじんまち》交易ネットワーク」を構築したとみられる（**図59**）。

交易の主導権をにぎった奴国勢力が拡大し、さらには造船技術や航海技術が格段に向上したことにより、弥生時代に連携を強めていた対馬国から直接奴国を結ぶあらたな海の路が確立された。これにより、それまで交易の拠

図59 ● 西新町交易ネットワーク
連携の目的地であった楽浪郡が滅び、政治的連携チャンネルが衰退していくのに対し、経済的連携チャンネルは魏の滅亡とは関係なく続いていたため、その拠点だった奴国が交易ネットワークの中心となっていく。

点として栄えた一支国の存在は薄れていき、「西新町交易ネットワーク」からもはずれたことで末盧国や伊都国とともに縮小していく。

東アジア社会における一支国の存在

一支国は、倭と朝鮮半島との交易によって集落が形成され、交易の拠点の役割を終えると同時に集落も終焉を迎えるという、一般の弥生集落とは異なる独自の歴史をもつ。小さな島であるにもかかわらず、原の辻集落をはじめ、車出集落、カラカミ集落が存在し、それらの連合体として一支国を構成しているのもこのクニの特徴といえる。大規模環濠集落を構え、政治、経済、産業が一極集中するほかのクニグニとは様相が異なる。一支国においては、経済の中心は原の辻集落、産業の中心はカラカミ集落、祭祀（政治）の中心は車出集落というようにそれぞれがそれぞれの分野で主導権を握りつつ、一支国内でのパワーバランスを保っていたとみられる。

単に小さな島で一極集中することができなかったのではなく、役割によって集落が分散し、それぞれ独自の交易チャンネルを確立し、目的に合ったネットワークを構築していくことで一支国のブランドを高めていったのであろう。

倭と東アジアのクニグニとの架け橋として重要な役割を果たしていた一支国は、弥生時代において他地域を圧倒する輝きを放ち、弥生人の憧れの地として知れわたり、最先端の文物を求めて多くの倭人がおとずれた「海上都市」だったのである。

第５章　これからの一支国

1　一支国研究の今後

原の辻遺跡は、一九七四年から今日まで、本格的な発掘調査を実施し五〇年の月日がすぎているが、その範囲は、現在確定している遺跡範囲約一〇〇ヘクタールの一五パーセント程度である。のこりの八五パーセント近くはまだ調査しておらず、これからあらたな発見が期待できる遺跡である。

原の辻遺跡の特徴でもある「東アジアとの交流の拠点」として栄えた歴史は、倭だけでなく朝鮮半島さらには中国大陸との交流を色濃く反映しており、物だけでなく人さらには技術までもがこの壱岐島に集まっている。原の辻遺跡はときに「弥生のデパート」や「弥生百貨店」、「弥生の大型ショッピングモール」と称されるように、ここに行けば欲しいものが何でもそろうことを意味している。当時の弥生社会では、最先端の文物が集まる場所として一支国が注目

図60 ● **東アジアとの交流を示す原の辻遺跡出土品**（国の重要文化財）
原の辻遺跡からは、対外交流の拠点として栄えた歴史を物語る資料が数多く出土している。

され、壱岐島を基点として邪馬台国をはじめ倭のさまざまなクニグニに交易品が拡散していったことが想像できる。

原の辻遺跡では、これまでの発掘調査において、一〇万点を超えるさまざまな資料が発見されているが、そのなかから「東アジアとの交流を示す代表資料一六七〇点」が、二〇一三年に国の重要文化財に指定された（**図60**）。これにより遺跡として国の特別史跡、出土資料として国の重要文化財というダブル指定となった。国内を代表する弥生集落遺跡として名実ともに認められたことに対し、一埋蔵文化財担当者として誇りに思っている。しかし、原の辻遺跡の発掘調査はこれで終わったのではなく、今後も継続的に実態解明にむけた調査をおこなっていく計画である。

今後の発見が期待されるもの

グローバルな視点からみて今後の発見が期待されるものとしては、「硯《すずり》」や「筆」、さらには「木簡」や「竹簡」といった文字関連資料の存在である。現段階で弥生社会において文字文化を示す明確な資料は確認されていないものの、中国大陸では日常的に文字が使用されていた時代であることを考えると、来島した渡来人が一支国内で文字を使用していた、もしくは文字が書かれたものが一支国に持ちこまれていたとしても何ら不思議ではない。実際、カラカミ遺跡からは「周」の文字が線刻された土器が出土している（**図48**参照）。文字の文化は、当時の弥生社会の構成を大きく左右するものであり、文字関連資料が発見されれば「交流において文字が使用されていた」、さらには「文字を理解する者が存在した」などあらたな歴史の解明に夢が広がる。ほかにも送り物に取りつけられた「封泥《ふうでい》」や、中国大陸の王朝から授与された「印」など、国交を示すものも発見が期待される資料の一つである。

魏、さらには帯方郡から邪馬台国に向かうルート上に一支国が存在していたことが「魏志」倭人伝に記されており、伊都国、対馬国に次いで三番目となる五七文字で一支国の情報が記されている点をみても、魏と倭との国交ルートのなかで壱岐島と対馬島がいかに重要な役割を果たしていたかをうかがい知ることができる。このような場所に位置する遺跡から海をわたったとされる当時の船、もしくはその船材の一部などが発見されれば、当時の船舶構造や航海技術を知ることができる資料として対外交流の実態解明のために必要不可欠な情報が提供されるだろう。

ローカルな視点でみると、原の辻遺跡ではこれまでに有力階層の墓域は確認されているが、「王墓」と認められる墓は発見されていない。「魏志」倭人伝に一支国のオウに関する情報は記載されてないが、クニを仕切る役人として正官「卑狗」と副官「卑奴母離」が存在していたことが書き記されているように、一支国内に階層社会が成り立っていたことがわかる。集落形成時の特徴から、在地で力をつけた人物ではなく、交易を取り仕切る人物が一支国のオウを名乗っていた可能性が考えられるため、もし王墓が発見されると、墓坑内に納められた副葬品に期待が集まるだろう。このように、原の辻遺跡はこれからも日本の歴史を塗りかえるようなあらたな発見が期待できる遺跡のひとつとして国内外から注目されている。

昨今、壱岐島内ではカラカミ遺跡や車出遺跡群の注目度が高まっている。車出遺跡群でも、四年間の発掘調査で一〇万点以上の大量の遺物が出土しており、祭祀に使用する丹塗り土器や壱岐島内でしか発見されないオリジナルの石製品であるクド石が発見されるなど、情報がアップデートされている。また、カラカミ遺跡では、日本初の地上式周堤付炉跡、日本最古のイエネコの骨や「周」の文字が線刻された遼東系の瓦質土器の発見など、あらたな一支国の世界がみえてきている。

これからは壱岐島内における原の辻遺跡、車出遺跡群、カラカミ遺跡の三つの弥生集落の関係性やそれぞれの集落がもつ交流チャンネル、そこからみえてくる対外交流範囲の実態を解明するための発掘調査を進め、東アジアにおける「一支国」の役割をひも解いていくことが求められている。併行してこれまでの発掘調査で発見されている出土資料の再整理作業をおこない、それぞれの集落遺跡から出土している遺物の特徴、土器の形状や調整方法の特徴などをしっかり見ていく必要がある。原の辻遺跡、車出遺跡群、カラカミ遺跡という三つの点が一つの線で結ばれたときに、あらたな「一支国の世界」が目の前に広がっていくものと思われる。

2　さいごに

冒頭で述べたように、原の辻遺跡は「魏志」倭人伝に記された国のなかで、クニの位置と拠点集落の両方が特定された、弥生時代を代表する環濠集落跡である。

二〇〇五年から二〇一〇年の五カ年をかけて原の辻遺跡の一次復元整備を実施し、集落の中心域となる部分の復元整備をおこなった(**図61**)。この地を訪れた渡来人や弥生人がながめたであろう当時の原風景が色濃くのこっており、一支国の世界へとタイムトリップしたような気持ちにさせてくれる場所である。

壱岐市では「弥生の原風景」にできるだけ近づける取り組みとして、特別史跡地内における電線の地中化、河川護岸の修景保全、弥生時代の植生の再現などを実施している。また、遺跡周辺をふくむ景観保護条例を制定し、これからも「弥生の原風景」を後世にのこし継承していく計画である。

また、壱岐市では「しまごと博物館構想」の実現にむけた取り組みをおこなっている。しまごと博物館とは、島全体を博物館と見立て、島内にのこる史跡、文化財、名所を屋外展示、博物館を屋内展示ととらえる考え方に基づいており、博物館(屋内展示)(**図62**)だけでなく島内(屋外展示)をめぐることで壱岐島の展示見学が完

図61 ● 復元された原の辻集落
「魏志」倭人伝の時代を復元した原の辻一支国王都復元公園。景観保護条例や電線の地中化などにより、より「弥生の原風景」を体感することができる。

結するようになっている。ジオラマ模型でバーチャルな展示を見学し、遺跡復元公園や古墳に行ってリアルな展示を見ることで二つの点が線でつながり、博物館のグランドテーマでもある「東アジア社会で重要な役割を果たした壱岐の歴史」を体感できる。

壱岐島内には弥生時代だけでなく、国史跡「壱岐古墳群」をはじめとした二八〇基がのこる壱岐の古墳時代、国境の島として壱岐国分寺が設置された古代、刀伊《とい》の入寇や元寇（文永の役、弘安の役）、文禄、慶長の役で兵站基地として築かれた国史跡「勝本城跡《かつもとじょうあと》」などにみる激動の中世、そして朝鮮通信使や捕鯨のための鯨組《くじらぐみ》で賑わった近世、近現代など、時代を問わず東アジア社会との交流を物語る歴史がのこっており、展示を通じてその魅力をあなたの五感で感じてもらいたい。

壱岐島へは遠いイメージがあるかもしれないが、福岡の博多港から高速船で六〇分の場所にある。古代人の気持ちになって海をわたり、憧れの島壱岐を満喫していただけることを心より願っている。

図62 ● 一支国博物館内に展示された原の辻集落のジオラマ模型
一支国の世界をジオラマ模型で再現した「一支国トピック」コーナー。160体の模型人形がいきいきと活動しているようすを見ることができる。

参考文献

●**原の辻遺跡**

壱岐市教育委員会　二〇一三『原の辻遺跡出土資料集成』壱岐市文化財調査報告書第二一集

鴇田忠正　一九四四「長崎県壱岐郡田河村原ノ辻遺跡の研究」『日本文化史研究』星野書店

長崎県教育委員会　二〇〇二『国特別史跡指定記念　発掘「倭人伝」――海の王都、壱岐・原の辻遺跡展』図録

長崎県教育委員会　二〇〇五『原の辻遺跡総集編Ⅰ』原の辻遺跡発掘調査事務所調査報告書第三〇集

長崎県教育委員会　二〇一六『原の辻遺跡総集編Ⅱ』長崎県埋蔵文化財センター調査報告書第一八集

松本友雄　一九二七「壱岐国考古通信㈠・㈡・㈢」『考古学雑誌』第一七巻第二・五号、第一八巻第一二号

宮本一夫編　二〇一八『壱岐原の辻閨繰遺跡・妙泉寺古墳群・鬼の窟古墳　東亜考古学会壱岐原の辻遺跡調査報告書Ⅰ』九州大学大学院人文科学研究院考古学研究室

宮本一夫編　二〇二三『壱岐原の辻遺跡　東亜考古学会壱岐原の辻遺跡調査報告書Ⅱ』九州大学大学院人文科学研究院考古学研究室

●**車出遺跡群**

壱岐市教育委員会　二〇二二『車出遺跡群一次調査（Ⅰ区・Ⅱ区）』壱岐市文化財調査報告書第三四集

壱岐市教育委員会　二〇二三『車出遺跡群二次調査（Ⅲ区）』壱岐市文化財調査報告書第三六集

壱岐市教育委員会　二〇二四『車出遺跡群三次調査（Ⅳ区・Ⅴ区・Ⅵ区）』壱岐市文化財調査報告書第三七集

壱岐市教育委員会　二〇二四『車出遺跡群再整理資料一斉公開「匠の石」展』図録

壱岐市教育委員会　二〇二五『車出遺跡群再整理資料一斉公開「匠の土器」展』図録

●**カラカミ遺跡**

壱岐市教育委員会　二〇二二『カラカミ遺跡総集編Ⅰ』壱岐市文化財調査報告書第三三集

宮本一夫編　二〇〇八『壱岐カラカミ遺跡Ⅰ』九州大学大学院人文科学研究院考古学研究室

宮本一夫編　二〇〇九『壱岐カラカミ遺跡Ⅱ』九州大学大学院人文科学研究院考古学研究室

宮本一夫編　二〇一一『壱岐カラカミ遺跡Ⅲ』九州大学大学院人文科学研究院考古学研究室

宮本一夫編　二〇一三『壱岐カラカミ遺跡Ⅳ』九州大学大学院人文科学研究院考古学研究室

●**一支国関連**

壱岐市教育委員会　二〇一五『海の王都・原の辻遺跡と壱岐の至宝』図録

壱岐市教育委員会　二〇一六『「魏志」倭人伝に記された一支国の世界』図録

壱岐市立一支国博物館

・長崎県壱岐市芦辺町深江鶴亀触515番地1
・電話　0920（45）2731
・開館時間　8：45～17：30
・休館日　毎週月曜日（月曜日が祝日の場合は翌日休館）、12月29～31日
・入館料　大人410円、高校生310円、小中学生210円
・交通　壱岐島郷ノ浦港から車で約20分、芦辺港から車で約15分

壱岐島全体を博物館と見立てる「壱岐の島・まるごと博物館」の拠点施設。展示は海を介した交流の歴史をテーマとし、縄文、弥生時代から江戸時代までの歴史について知ることができる。また、展示と現地がリンクする構成となっており、博物館の展示を見て、現地に行くとより見学が楽しめるようなつくりとなっている。展示以外では、4階の展望室に登ると、眼下に原の辻遺跡が、海を隔てた先には九州本土や沖ノ島などを眺望することができる。

壱岐市立一支国博物館

原の辻一支国王都復元公園（国特別史跡原の辻遺跡）

・長崎県壱岐市芦辺町深江鶴亀触1092番地5
・見学自由
・交通　壱岐島郷ノ浦港から車で20分、芦部港から車で15分

弥生時代の集落遺跡としては、静岡県の登呂遺跡、佐賀県の吉野ヶ里遺跡に続く3例目の国特別史跡である。現地には「魏志」倭人伝の一支国の世界を復元した史跡公園があり、17の復元建物を見ることができる。原の辻遺跡でしか発見されていない壁立式平地住居建物の復元は必見。

原の辻ガイダンス施設

・長崎県壱岐市芦辺町深江鶴亀触1092番地5
・電話　0920（45）2065
・開館時間　9：00～17：00
・休館日　毎週水曜日、年末年始（祝日、夏休み期間は水曜も開館）
・入館料　無料

原の辻一支国王都復元公園内にあるガイダンス施設では、原の辻遺跡の調査の歴史や復元整備の概要について知ることができる。また、勾玉づくりや火起こし体験など、古代技術体験もおこなうことができる。公園見学の際はぜひ立ち寄ってほしい。

遺跡には感動がある

――シリーズ「遺跡を学ぶ」刊行にあたって――

「遺跡には感動がある」。これが本企画のキーワードです。

あらためていうまでもなく、専門の研究者にとっては遺跡の発掘こそ考古学の基礎をなす基本的な手段です。また、はじめて考古学を学ぶ若い学生や一般の人びとにとって「遺跡は教室」です。

日本考古学では、もうかなり長期間にわたって、発掘・発見ブームが続いています。そして、毎年厖大な数の発掘調査報告書が、主として開発のための事前発掘を担当する埋蔵文化財行政機関や地方自治体などによって刊行されています。そこには専門研究者でさえ完全には把握できないほどの情報や記録が満ちあふれています。しかし、その遺跡の発掘によってどんな学問的成果が得られたのか、その遺跡やそこから出た文化財が古い時代の歴史を知るためにいかなる意義をもつのかなどといった点を、莫大な記述・記録の中から読みとることははなはだ困難です。ましてや、考古学に関心をもつ一般の社会人にとっては、刊行部数が少なく、数があっても高価なその報告書を手にすることすら、ほとんど困難といってよい状況です。

いま日本考古学は過多ともいえる資料と情報量の中で、考古学とはどんな学問か、また遺跡の発掘から何を求め、何を明らかにすべきかといった「哲学」と「指針」が必要な時期にいたっていると認識します。

本企画は「遺跡には感動がある」をキーワードとして、発掘の原点から考古学の本質を問い続ける試みとして、日本考古学が存続する限り、永く継続すべき企画と決意しています。いまや、考古学にすべての人びとの感動を引きつけることが、日本考古学の存立基盤を固めるために、欠かせない努力目標の一つです。必ずや研究者のみならず、多くの市民の共感をいただけるものと信じて疑いません。

二〇〇四年一月

戸沢充則

著者紹介

松見　裕二（まつみ・ゆうじ）

1976年、佐賀県鳥栖市生まれ。

別府大学文学部史学科卒業。旧芦辺町教育委員会に採用となり、現在、壱岐市教育委員会社会教育課に勤務。一支国弥生集落実態解明調査を担当し、原の辻遺跡、カラカミ遺跡、車出遺跡群の集落形成および構成変遷解明調査を実施。

主な著作　「原の辻遺跡（一支国）」『月刊考古学ジャーナル』（2011年3月号）、『魏志倭人伝に記された一支国の世界』（壱岐市立一支国博物館、2015）など。

●写真借用・所蔵

（一社）壱岐市観光連盟：図1／壱岐市教育委員会：カバー・扉・図2・7・12・16～19・22～23・25～29・36～41・43～46・48・52・54・57・60～62／長崎県埋蔵文化財センター：図5・9～11・13・15・21・30～33・58／九州大学大学院人文科学研究院考古学研究室：図6・24／国立博物館所蔵品統合検索システム（https://colbase.nich.go.jp/collection_items/narahaku/1317-252）：図47／伊都国歴史博物館：図53／春日市：図56
牛嶋茂撮影：図18・22～23・29・39・43・46・48・60
松井章撮影：図45

●図版出典（一部改変）

図3：地理院地図Vector／図4：糸島市立伊都国歴史博物館常設展示図録『伊都国』2020／表1・図49：大阪府立弥生文化博物館特別展図録『卑弥呼誕生』1997／図14：長崎県壱岐市『海の王都　原の辻遺跡と壱岐の至宝』2016（平成28年度離島活性化交付金デリバリーミュージアム事業パンフレット）／図20：松見裕二編『原の辻遺跡―原の辻遺跡出土資料集成―』2013／図50・51・55・59：松見裕二『海の王都　原の辻遺跡と壱岐の至宝』2015

上記以外：著者

シリーズ「遺跡を学ぶ」171

魏志倭人伝の海上王都　原《はる》の辻《つじ》遺跡

2025年 3月 25日　第1版第1刷発行

著　者＝松見　裕二
発　行＝新 泉 社
東京都文京区湯島1－2－5　聖堂前ビル
TEL 03（5296）9620／FAX 03（5296）9621
印刷・製本／三秀舎

ISBN978－4－7877－2531－8　C1021

新泉社

シリーズ「遺跡を学ぶ」

024
最古の王墓　吉武高木遺跡
常松幹雄　1500円+税

博多湾に面した早良平野・吉武高木で、大形の甕棺墓・木棺墓がつぎつぎとみつかった。時代は弥生中期はじめ、最古の王墓とその精神世界を語る。

034
吉備の弥生大首長墓　楯築弥生墳丘墓
福本　明　1500円+税

吉備の中心地帯を望む小高い丘に、他の追随を許さない規模の弥生首長墓がある。遺構や弧帯文石などの特異な遺物を検討し、弥生の葬送祭祀と前方後円墳出現への道筋をさぐる。

108
北近畿の弥生王墓　大風呂南墳墓
肥後弘幸　1600円+税

日本三景の一つ天橋立をのぞむ丘陵上の弥生墳墓から、美しいガラスの腕輪が出土した。鉄製武器など大陸とのかかわりがうかがえる「王墓」から、北近畿の「クニ」の姿を追究する。

115
邪馬台国時代のクニの都　吉野ヶ里遺跡
七田忠昭　1600円+税

大発見以来、多くの論争の中心にあった吉野ヶ里遺跡。集落の成立から終焉までの展開をくわしく追究し、「倭人伝」記事との対照などをとおして、邪馬台国時代のクニの都にせまる。

163
奴国の王都　須玖遺跡群
井上義也　1700円+税

「漢委奴国王」の金印で有名な奴国。福岡平野を望む丘陵上に残された王都・須玖遺跡群から、その繁栄の実態と理由をさぐる。

168
倭人伝に記された伊都国の実像　三雲・井原遺跡
河合　修・平尾和久　1700円+税

「魏志」倭人伝に記された「伊都国」の故地、福岡県糸島半島。三つの王墓や王都、衛星集落の遺跡から伊都国の実像にせまる。